Andreas Cieslik-Eichert

Kreative Methoden für die Praxis

Arbeitsbuch für sozial- und heilpädagogische Berufe

1. Auflage

Bestellnummer 40950

Bildungsverlag EINS

Haben Sie Anregungen oder Kritikpunkte zu diesem Produkt?
Dann senden Sie eine E-Mail an 40950_001@bv-1.de
Autoren und Verlag freuen sich auf Ihre Rückmeldung.

Die in diesem Werk aufgeführten Internetadressen sind auf dem Stand der Drucklegung 2013. Die ständige Aktualität der Adressen kann vonseiten des Verlages nicht gewährleistet werden. Darüber hinaus übernimmt der Verlag keine Verantwortung für die Inhalte dieser Seiten.

www.bildungsverlag1.de

Bildungsverlag EINS GmbH
Hansestraße 115, 51149 Köln

ISBN 978-3-427-**40950**-2

Inhaltsverzeichnis

Vorwort

***Objektgestaltung: Biografisches** Lernen mit ästhetischen Mitteln*

HARTMUT VON HENTIG beschreibt die Erfahrung von Kunst und Kreativität als eine

„Übung der aísthesis* der Kinder und jungen Menschen an Gegenständen, die die Lust, den Ernst und das Wagnis des Sehens und Hörens, des Erprobens, des Simulierens, des spielerischen Verwandelns und [...] des kontrollierten Hervorbringens von Wirkungen zu wecken vermögen. Die Kinder erfahren dabei, was Kunst anders macht als Technik, Wissenschaft, Politik und Religion."
(*VON HENTIG, 1998, S. 43*)

Ästhetische Erfahrungen erfordern kompetente Unterstützung und großzügige Freiräume, die vielfältige Fantasien und kreative Erfahrungen zulassen.

Nur so ist es möglich, ästhetische Kompetenz zu entwickeln. Damit ist die Fähigkeit gemeint, Kunst wahrzunehmen und kritisch zu reflektieren, sich selbstständig Wissen über Ästhetik anzueignen und seine Wahrnehmungen und Erfahrungen, Erinnerungen und Fantasien in eigene kreative Arbeiten umzusetzen. Diese Gestaltungen müssen dabei nicht grundsätzlich neuartig sein; vielmehr geht es um eine kreative Verarbeitung, die individuell als neu und einmalig erlebt werden kann.

Mit dem Arbeitsbuch *Kreative Methoden für die Praxis* wird Studierenden der Fachschulen des Sozialwesens mit den Fachrichtungen Sozialpädagogik und Heilpädagogik sowie Fachkräften in sozialpädagogischen und heilpädagogischen Berufen ein Spektrum an Handlungsmöglichkeiten für die Auseinandersetzung mit Kunst und Kreativität vorgelegt.

In den letzten Jahren hat sich das sozial- und heilpädagogische Arbeitsfeld stark verändert. Individuelle Förderung, Integration und Inklusion sind pädagogische Paradigmen. Gesellschaftliche Teilhabe erfordert aber auch ein hohes Maß an ästhetischer Kompetenz in Ausbildung und Beruf.

Das Arbeitsbuch ist gegliedert in sieben übergeordnete Bereiche: *Kontext betrachten, Botschaften senden, Bilder suchen, Formen finden, Räume erfahren, Medien entdecken* und *Dekoratives gestalten*. Alle Kapitel sind übersichtlich strukturiert und enthalten jeweils eine kurze Einführung oder Erläuterungen und Arbeitsaufgaben, die zur gedanklichen und produktiven Auseinandersetzung mit dem jeweiligen Thema motivieren sollen. Die kreativen Verfahren werden durch Verweise auf die Titel *Kreatives Handeln* (3466), *Lernfeld Kunst* (04162) und *Basiswissen Kunst und Kreativität* (04156) ergänzt, in denen weitere Informationen für die Bearbeitung der Aufgaben zu finden sind.[1]
Dieses Arbeitsbuch will durch eine weitgefächerte Sammlung kreative Anregungen für die ästhetische Praxis geben und Neugierde und Interesse an der Auseinandersetzung mit Kunst und Kreativität wecken.

A. Cieslik-Eichert

---

* *Aísthesis (griech.) = Ästhetik, Wahrnehmung*
[1] *Für diese Titel wurden folgende Abkürzungen verwendet:*
KH = Kreatives Handeln, 3466
LFK = Lernfeld Kunst, 04162
BWK = Basiswissen Kunst und Kreativität, 04156

1 Kontext betrachten

Graffitikunst
Farbige Schriftzeichen mit schwarzer Konturierung an einer Hauswand

In diesem Kapitel wird es um die Klärung der Grundbegriffe gehen: Kunst, Ästhetik und Gestaltung gehören im engeren Sinne zum Bereich der Kreativität. Was versteht man darunter? Welches Bild hat man von seiner eigenen Kreativität? Was ist Kunst? Alles, was ich mit Farben oder Materialien ausdrücke? Wie wichtig ist mir diese Frage? Geht es vielleicht einfach nur darum, sich von den vielen unterschiedlichen Möglichkeiten und Materialien der künstlerischen Ausdrucksweisen motivieren zu lassen – und einfach anzufangen?

1.1 Querdenken und Probleme lösen

1.1.1 Kreativität – Ein Begriff, der hohe Erwartungen auslöst?

Der Begriff *kreativ sein* bedeutet *etwas neu schöpfen, erzeugen oder erfinden, ein neues Produkt herstellen.* Unter *Kreativität* wird entsprechend *das schöpferische Denken* verstanden. Kreative Personen besitzen die Fähigkeit, Probleme situativ richtig zu erkennen und durch die effektive Anwendung von erworbenen Fähigkeiten konstruktiv zu lösen.

Arbeitsanregung

- *Lesen Sie die beiden folgenden Zitate, fassen Sie die Beschreibungen des Begriffs Kreativität mit Ihren eigenen Worten zusammen und diskutieren Sie die Aussagen.*

Kreativität ist die „Fähigkeit, unter Überschreitung früher gemachter Erfahrungen eigenständig etwas Neues zu schaffen, was es vorher noch nicht gab. Dabei spielt es keine Rolle, ob das erstmalig Geschaffene nur für das Individuum selbst oder darüber hinaus für alle Menschen neu ist. Voraussetzung dafür ist die Fähigkeit zur Umstrukturierung gegebener Situationen und Einfallsreichtum, d. h. die Synthese (= Verknüpfung) von Erfahrung und Fantasie."
(DIETRICH/WALTER, 1970, S. 161)

Der Wissenschaftler Klaus Urban beschreibt Kreativität so:
„Ich möchte [...] Kreativität vorläufig und immer noch recht allgemein als die Fähigkeit zum selbstbestimmten schöpferischen Denken und Handeln beschreiben. In dem Terminus ‚selbstbestimmt' finden wir einen alten zentralen Begriff der allgemeinen Pädagogik wieder, der auf dem Prinzip der Bildsamkeit des Menschen, häufig verbunden mit der Aufforderung zur Selbsttätigkeit, beruht."
(URBAN, 2004, S. 67)

Hartmut von Hentig: Festgefahren

„Wenn ein Wort genannt werden sollte, das eine solche Erwartung der heutigen Menschen ausdrückt und bestimmt, es hieße, glaube ich, ‚Kreativität'. Nicht Information, nicht Kommunikation, nicht Naturverträglichkeit, nicht Solidarität, nicht Globalisierung? Doch, auch diese! Aber an ihren alltäglichen Anforderungen ist unsere Glaubenskraft schon ermüdet; sie sind Institutionen zugewiesen; sie wecken nur noch ‚durchschnittliche' Aufmerksamkeit oder Furcht wie die janusköpfige letztere. Anders ist's beim Wort ‚Kreativität'. Es steckt noch voller Versprechungen. Jeder weiß es zu benutzen, keiner mag es entbehren, keiner kritisiert es. Es ist gleichermaßen beliebt bei Technikern und Umweltschützern, Wirtschaftsführern und Pädagogen, den schwarzen, roten, grünen und blaugelben Parteien."
(VON HENTIG, 1998, S. 9)

Arbeitsanregung

- *Befragen Sie Personen in Ihrer Umgebung, was sie mit dem Begriff Kreativität verbinden.*
- *Vergleichen Sie diese Aussagen mit den Diskussionsergebnissen Ihrer Arbeitsgruppe.*
- *Der Begriff Kreativität bezieht sich zum einen auf die verschiedenen darstellenden und bildenden künstlerischen Bereiche: Beschreiben Sie, wie und warum Kreativität in diesen Bereichen eine besonders gefragte Ressource ist.*
- *Auch der Bereich Wirtschaft ist auf kreative Leistungen angewiesen. An welchen Aspekten können Sie erkennen, warum auch für wirtschaftliche Problemlösungen Kreativität wichtig ist?*
- *Was bedeutet kreativ zu sein in politischen und sozialen Zusammenhängen?*
- *Was verstehen Sie unter einer kreativen Leistung? Welche Fähigkeiten sind für Sie notwendig, um eine außergewöhnliche Leistung zu ermöglichen?*

Arbeitsanregung

- *Lesen Sie den obigen Text und suchen Sie Beispiele, die die Aussagen verdeutlichen.*
- *Beschreiben Sie Ihre Haltung zum Begriff Kreativität.*
- *Formulieren Sie zu diesen Einschätzungen eine kritische Stellungnahme.*

1.1.2 Die kreativen Grundelemente

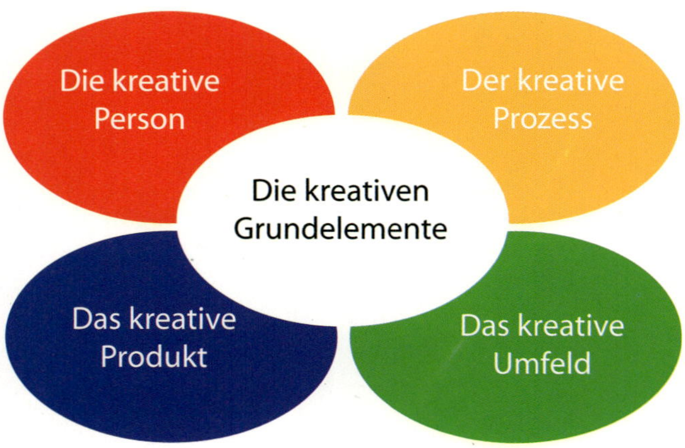

Kreativität ist ein Prozess, der durch vier Grundelemente bestimmt wird:

Die kreative Person

Kreative Personen besitzen die Fähigkeit, nicht nur in gewohnten Bahnen zu denken, sondern unbekannte Wege zu betreten und quer zur vorherrschenden Meinung unkonventionelle Verknüpfungen zu erstellen. Es geht nicht um die klare logische Lösungssuche für ein Problem (**konvergentes Denken**), vielmehr wird, indem man ungewohnte Perspektiven einnimmt, eine unkonventionelle Lösung gefunden (**divergentes Denken**). Querdenker sind für das soziale Umfeld nicht immer angenehm. Es setzt Toleranz und Empathie voraus, da kreative Menschen auch fordernd und ungeduldig sein können, wenn es um einen wichtigen Gedankengang oder eine bahnbrechende Entdeckung geht. Folgende psychische Merkmale müssen vorhanden sein, um kreativ sein zu können:

- **Problemsensitivität:** *Man ist in der Lage, ein Problem zu erkennen.*
- **Ideenflüssigkeit:** *Man ist in der Lage, in kurzer Zeit viele Ideen zu erzeugen.*
- **Flexibilität:** *Man ist in der Lage, die Perspektive, den Blickwinkel zu wechseln.*
- **Redefinition:** *Man kann improvisieren.*
- **Elaboration:** *Man kann die hervorgebrachten Ideen auch auf die Realität übertragen.*

Der kreative Prozess

Er gliedert sich in folgende Schritte:

- **Präparationsphase:** Erkennen des Problems
- **Inkubationsphase:** Ideen finden und verwerfen; Möglichkeiten auf ihre Brauchbarkeit hin untersuchen
- **Illumination** (*Aha-Erlebnis*): Den richtigen Einfall wahrnehmen
- **Verifikation:** Überprüfung der Bedeutung der kreativen Lösung für die Gesellschaft

„Assoziatives Denken als ein Aspekt von Kreativität ist oft schon in der Kindheit zu bemerken. Es spielt in den Künsten eine besonders wichtige Rolle. Aber auch in der Wissenschaft ist assoziatives Denken gefragt. Der „kreative Sprung“ kommt häufig zustande, wenn man nicht in den aufgeblendeten Scheinwerfer des Themas schaut, sondern aus dem Lichtkegel heraustritt und die Sache aus einer anderen Perspektive betrachtet. Assoziatives Denken ist in Politik und Menschenführung von großer Bedeutung, wo es um intuitives Verstehen komplexer Zusammenhänge geht.“

HOLM-HADULLA, S. 47

Das kreative Produkt

Ein Produkt wird dann als kreativ akzeptiert, wenn es *neuartig*, *originell* und *für die Problemlösung als förderlich* angesehen wird. Außerdem muss es auch den gesamten Fachbereich verändern. Künstlerisches Gestalten wird als subjektive Auseinandersetzung mit Materialien und Formen, als ästhetische Erfahrung und sinnliche Wahrnehmung angesehen.
Beispiel: Wenn Kinder und Jugendliche malen oder formen, um eigene Fantasien und Vorstellungen, Erfahrungen und Erlebnisse auszudrücken, beginnt für sie ein kreativer Prozess. Die Kinder und Jugendlichen arbeiten nicht nach vorgegebenen Mustern und Anweisungen, sondern nach eigenen Vorstellungen und lernen somit neue Ausdrucksweisen kennen. Insofern zielt der kreative Prozess darauf, die Wahrnehmung aller Sinne zu fördern.

Das kreative Umfeld

Ob ein Mensch kreativ ist, hängt auch von einem kreativen Umfeld ab: Für die Entfaltung der eigenen Kreativität ist auch entscheidend, ob die Umgebung einen hemmenden oder eher fördernden Einfluss ausübt.

Als **kreativitätshemmende Faktoren** lassen sich beispielsweise nennen:

- Pessimismus, fehlendes Selbstvertrauen und Mutlosigkeit: Aus Furcht vor Misserfolgen werden keine Experimente gewagt.
- Angst vor Neuem und Vorurteile: Sie können verhindern, dass auch ungewohnte Problemlösungen gedacht werden.
- Konformes Denken: Der Wunsch nach Anerkennung verhindert den Mut, den unkonventionellen Weg zu gehen. Intellektuelle Anstrengungen werden kaum wertgeschätzt.
- Fehlende Möglichkeiten, sich in einem Bereich sachkundig zu machen

Als **kreativitätsfördernde Faktoren** können genannt werden

- die Möglichkeit, sich frei zu entfalten und frei entscheiden zu können,
- ein durch Unabhängigkeit gekennzeichnetes Eltern-Kind-Verhältnis und nicht autoritäres Elternverhalten,
- innovatives und anregendes Familienklima,
- intellektuelle Interessen und Freunde, die ebenfalls sehr experimentierfreudig sind,
- eine Umgebung, die fordert, fördert und unerwartete Bekräftigungen ausspricht.

Fragen: *Wann ist ein Gedanke neu? Wann ist ein Produkt wirklich kreativ? Und woran kann man das erkennen?*

Kreativität und Interaktion

Kreative Prozesse sind mühsam, weil sie immer wieder einen veränderten Blick auf das Wesentliche des Problems erfordern. Sie brauchen Zeit, weil viel ausprobiert, verworfen und wieder neu probiert werden muss.

„Man kann unmöglich wissen, ob ein Gedanke neu ist, es sei denn, man zieht gewisse Vergleichsmaßstäbe heran, und ob er wertvoll ist, hängt von der Einschätzung der Gemeinschaft ab. Insofern findet Kreativität nicht im Kopf des Individuums statt, sondern in der Interaktion zwischen dem individuellen Denken und einem soziokulturellen Kontext. Sie ist eher ein systemisches, denn ein individuelles Phänomen.“

(CSIKSZENTMIHALYI, 1997, S. 41)

Arbeitsanregung

- *Stellen Sie die beschriebenen Grundelemente der Kreativität dar: Erläutern Sie anhand von Beispielen die Begriffe mit Ihren eigenen Worten.*
- *Veranschaulichen Sie das Zitat von CSIKSZENTMIHALYI mit einigen Beispielen.*
- *Diskutieren Sie, was Sie unter einem kreativen Produkt verstehen, und beziehen Sie Ihre Aussagen auf die unterschiedlichen gesellschaftlichen Bereiche.*
- *Tauschen Sie sich über eigene Erfahrungen bezüglich kreativer Erlebnisse aus: Wann ist es Ihnen ganz besonders gelungen, ein Problem in einer zunächst ausweglos erscheinenden Situation kreativ zu lösen?*
- *Welches Feedback haben Sie in dieser Situation von Ihrem Umfeld bekommen?*
- *Welche Personen in der Öffentlichkeit erleben Sie in ihrem Tätigkeitsfeld als besonders kreativ?*

1.1.3 Kreativität fördern

Kreativitätstechniken sollen helfen, Ideen zu generieren und geeignete Lösungswege bei Problemen zu finden. Die Brauchbarkeit hängt vom jeweiligen Situationszusammenhang ab: Möchte man beispielweise seine eigenen kreativen Fähigkeiten entdecken? Möchte man im Team ein Problem lösen oder ein neuartiges Produkt entwerfen?

Innovationen stärken
Für den Psychologen Gert Mittring ist die Voraussetzung für Kreativität und Innovation:

„Die Fähigkeit, Dinge, die nichts miteinander zu tun haben, zu kombinieren. Dazu müssen Dinge unvoreingenommen betrachtet werden und man muss sich vom Korsett herkömmlicher Denkstrukturen lösen.“ (MITTRING, 2011, S. 11)

Arbeitsanregung

- *Überlegen Sie zunächst, welche Kreativitätstechniken Sie schon kennengelernt haben.*

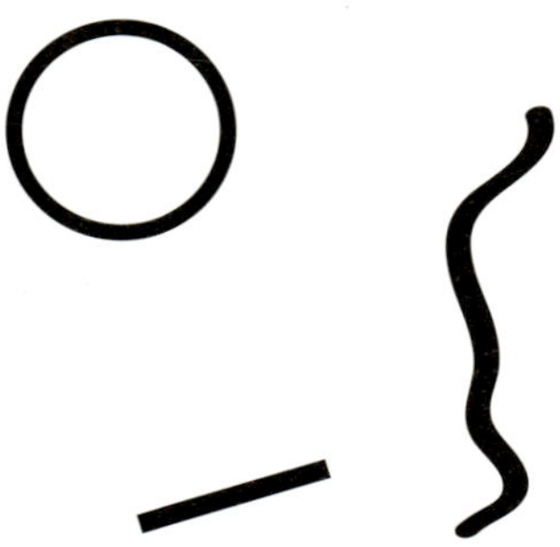

Ergänzungen werden in die Zeichnung eingefügt.[1]

[1] *Diese und weitere Kopiervorlagen finden Sie auf der Website www.lernfeldkunst.de*

Arbeitsanregung

- *Ergänzen Sie die vorgegebenen Zeichen dieser Abbildung nach Ihren Vorstellungen. Vergrößern Sie dazu diese Vorlage mithilfe einer Fotokopie oder zeichnen Sie mit einem Blei- oder Filzstift direkt in diese Vorlage hinein.*
- *Lesen Sie aufmerksam die Beschreibungen der folgenden Kreativitätstechniken:*

Kreativitätstechnik	Anwendung	Kommentar
Brainstorming	• „Gehirnsturm": Spontanes Sammeln und Aufschreiben von Ideen ohne Kommentierung • Auf einem großen Papierbogen werden alle möglichen Einfälle und Ideen aufgeschrieben. Am Ende erfolgt eine Auswahl der Stichworte, die in einer neuen Arbeitsphase weiter bearbeitet werden.	• Diese Kreativitätstechnik eignet sich gut als Lockerungsübung, Einstieg in ein Thema, Assoziationsübung zur Suche nach neuen Lösungen (Produktentwicklung).
Cluster-Verfahren	• Von einem zentralen Begriff ausgehend werden Wortverknüpfungen (Assoziationen) aufgeschrieben. • Der Ausgangsbegriff wird in der Mitte eines großen Blattes notiert und eingekreist (Kernzelle). Weitere Begriffszellen werden notiert und miteinander und dem Kernbegriff verbunden. Eine Kommentierung erfolgt später.	• Dieses Verfahren hilft bei der Suche nach gedanklichen Verbindungen, Sammlung und Sortierung von Ideenmaterial und der Entwicklung einer komplexen Struktur eines umfangreicheren Textes.
Provokationstechnik	• Bei diesem Verfahren werden gedankliche Provokationen bewusst eingesetzt, um bekannte Denkstrukturen und gewohnte Sichtweisen zu hinterfragen. • Sogenannte Provokationen werden in die Diskussion eingebracht, um von gewohnten Denkmustern abzulenken. Sie sind keine brauchbaren Aussagen, sondern nur gedankliche Brücken und als solche gekennzeichnet.	• Diese Technik eignet sich gut, um ungewöhnliche Ideen zu entwickeln, auf die man ohne Provokationen („unmögliche Aussagen") nie gekommen wäre, und um neue Perspektiven einzunehmen.
Progressive Abstraktion	• Bei diesem Verfahren geht es darum, durch eine Veränderung der Perspektive eine Distanz zum eigentlichen Problem zu schaffen und Wesentliches von Unwesentlichem zu trennen. • Durch die stufenweise Frage nach dem eigentlichen Sinn des Problems wird die Struktur des Problems erkennbar gemacht („Worum geht es eigentlich?"). Die jeweilige Antwort führt zur nächsthöheren Ebene der Analyse.	• Dieses Verfahren eignet sich, um Strukturen erkennbar zu machen und Problembereiche bei der Entwicklung von Konzepten aufzuzeigen.
Analogietechnik	• Dieses Verfahren soll helfen, die Merkmale des Problems in verwandten Situationen zu suchen und zur Lösung des Ausgangsproblems nutzbar zu machen. • Die Merkmale des Ausgangsproblems werden benannt und in anderen Situationen gesucht. Die Problemaufgabe wird auf diese Situationen übertragen, gelöst und schließlich wieder auf das Ausgangsproblem angewandt.	• Diese Kreativtechnik bietet einen produktiven Perspektivwechsel durch die Übertragung der Aufgabe auf andere Situationen und damit die Möglichkeit zu unkonventionellen Lösungswegen.

KREATIVITÄT
KRÄTATIVITE
KATERIVITÄT
RÄTEVATITIK
TITIKAVÄTER
VATÄTERIKIT
ETIKVIRTATÄ
RATETIKVITÄ
TÄTERKIVATI
KIVITÄTERAT
ÄTAKRETIVIT
KREATIVITÄT

Kreative Umstrukturierung des Wortes Kreativität: Jede Zeile soll die jeweils unterschiedliche Sichtweise auf diesen Begriff illustrieren (nach URBAN, 2004, S. 71).

Die kreativen Grundelemente

Arbeitsanregung

- *Beziehen Sie das Angebot an Kreativtechniken, die auf Seite 9 vorgestellt werden, auf Ihre schulischen oder beruflichen Erfahrungen. Welche der Verfahren hätten Ihrer Ansicht nach gut in Arbeitssituationen, die Sie erlebt haben, eingesetzt werden können?*
- *Verwenden Sie in Ihrer Arbeitsgruppe für die erste Phase der Ideenfindung zu einer bildnerischen oder plastischen Aufgabe eine der Kreativtechniken und reflektieren Sie anschließend, inwieweit die eingesetzte Kreativmethode bei Ihrer Arbeit hilfreich war.*
- *Eine Mindmap ist eine kreative Methode, die es ermöglicht, Gedanken und Überlegungen zu einem Begriff zu finden und zu strukturieren. Tauschen Sie sich über die wesentlichen Merkmale dieser Methode aus und erstellen Sie eine Mindmap beispielsweise zum Thema „Das kreative Umfeld".*
- *Erproben Sie in Ihrer Arbeitsgruppe anhand eines konkreten Beispiels die Provokationstechnik: Welche Erfahrungen machen Sie dabei? Kommen Sie zu ungewohnten Ergebnissen? Wo stellen Sie Grenzen dieser Methode fest?*

1.2 Ästhetik: Sinnliche Wahrnehmung

1.2.1 Ästhetisches Denken und Gestalten

Ästhetisches Denken: *Ausdruck eigener Wahrnehmungen mit künstlerischen Mitteln*

Unter ***Ästhetik*** *(von griechisch aísthesis = Wahrnehmung) versteht man die Lehre von der Sinneswahrnehmung, der sinnlichen Anschauung und Erscheinung im Gegensatz zur Wissenschaft der begrifflichen Erkenntnis.*

Ästhetische Kompetenz *bezieht sich auf die Fähigkeit der sinnlichen Wahrnehmung, die kritische Auseinandersetzung mit künstlerischen Objekten (Urteilsfähigkeit), die Fähigkeit, sich eigenständig Wissen über Kunst anzueignen sowie produktiv kreativ zu betätigen (Gestaltung) und darüber zu reflektieren.*

Im sozialpädagogischen Zusammenhang wird der Begriff *Ästhetik* in seiner ursprünglichen Bedeutung verwendet:

„Ästhetisch hat im Folgenden nichts mit Schönheitsformen zu tun, sondern beruft sich auf den Begriff Aísthesis = Wahrnehmung. [...] Indem ich den Begriff des ästhetischen Denkens gebrauche, möchte ich ausdrücken, dass das Ästhetische ein Teil unserer Alltagserfahrung ist und nicht unter Kunstgesichtspunkten idealisiert, überhöht und damit aus dem Alltagsgeschehen ausgeschlossen werden sollte. So gesehen bildet ästhetisches Denken die Grundlage jeglicher Erfahrung, die von eigenen Wahrnehmungen ausgeht. [...] Diesen Prozess, aus der Wahrnehmung ein Bild zu machen, nenne ich ästhetisches Denken. Die ästhetische Gestaltung eines Wahrnehmungsbilds kann individuell sehr unterschiedlich aussehen. Sie ist daher nicht mit einer Bindung an bestimmte ästhetische Ideale, zum Beispiel an ein Schönheitsideal, gleichzusetzen."
(SCHÄFER, 2005, S. 117 f.)

Im Gegensatz zur logisch-rationalen Auseinandersetzung ist der ästhetische Prozess ein auf die sinnliche Wahrnehmung und Gestaltung gerichteter ganzheitlicher Vorgang. Alles, was aus einem Material zu einer (eigenwilligen) Gestalt wird, ist in diesem Verständnis für andere sinnlich wahrnehmbar und damit ästhetisch erfahrbar.

Arbeitsanregung

- *Überlegen und diskutieren Sie, in welchen Zusammenhängen Sie das Wort Ästhetik benutzen: Was verbinden Sie mit diesem Begriff?*
- *Beschreiben Sie mit eigenen Worten den Begriff in Abgrenzung zum logisch-rationalen Bereich.*
- *Geben Sie das Zitat von GERD E. SCHÄFER mit eigenen Worten wieder und stellen Sie die zentralen Begriffe heraus.*
- *Was versteht Gerd E. Schäfer unter ästhetischem Denken?*
- *Erläutern Sie anhand von Beispielen den Begriff ästhetische Kompetenz.*
- *Informieren Sie sich umfassend über die Dimensionen des Begriffs Medienkompetenz.*
- *Erklären Sie den Zusammenhang von ästhetischer Kompetenz und Medienkompetenz.*
- *Betrachten Sie zwei verschiedene Kunstbilder: Von welchen Bedingungen hängt Ihr ästhetisches Urteil ab?*
- *Besitzen Sie ästhetische Kompetenz? Prüfen Sie sich anhand einiger Merkmale.*
- *Welche Mittel und Methoden können zur ästhetischen Bildung und zur ästhetischen Urteilskraft beitragen?*

Zur Orientierung in der digitalen Medienwelt benötigt man ***Medienkompetenz****, welches die Voraussetzung dafür ist, aktiv an einer Welt teilzuhaben, deren Kommunikation hauptsächlich durch die Vielfalt unterschiedlicher Medien beherrscht wird. Die Fähigkeit, Medienprogramme beurteilen, technische Apparate bedienen und sich Wissen über Medieninstitutionen aneignen zu können, gehört ebenso zu den Dimensionen des Begriffs Medienkompetenz wie auch der selbstbestimmte Zugriff auf die ästhetischen Möglichkeiten, diese gestaltend zu nutzen.*

1.3 Kunst erfahren

Arbeitsanregung

- *Lesen Sie die folgenden Aussagen:*
  - Kunst hat etwas mit Können zu tun.
  - Ein Kunstwerk muss einen wirklich „anspringen" und begeistern.
  - Was man heute oftmals in Ausstellungen sehen kann, ist keine Kunst. Oft denke ich: Das kann ich auch.
  - Viele, die sich als Künstler verstehen, sind es gar nicht.
  - Die alten Meister sind wirkliche Künstler. Diese Kunst hat viel Arbeit gemacht.
  - Die moderne Kunst ist oft unverständlich und zu kompliziert.
  - Man kann gar nicht verstehen, warum Kunstwerke oft sehr teuer sein sollen.
  - Wenn eine Stadt beispielsweise ein Kunstwerk aus Stahl für viel Geld ankauft und auf einem Platz ausstellt, sollte man damit besser Kindergärten bauen.
- *Schreiben Sie Ihre spontanen Gedanken und Bewertungen zu jeder dieser Aussagen auf ein DIN-A4-Blatt. Notieren Sie am Schluss Ihre eigene Position zur Frage „Was ist Kunst?".*
- *Vergleichen Sie Ihre Aufzeichnungen anschließend mit denen der anderen Gruppenmitglieder und entwerfen Sie zu der Frage gemeinsam eine Mindmap.*

1.3.1 Kunstauffassungen

1. Beispiel

Eine Stencil-Grafik an einer Hauswand

Als Stencil bezeichnet man Graffiti, die mithilfe von Schablonen, durch die Farbe gesprüht wird, angebracht werden. Stencils werden oft zur Verbreitung politischer Ansichten verwendet. Die öffentliche Meinung über Stencils reicht von mutwilliger Sachbeschädigung bis hin zur künstlerischen Form des Ausdrucks oder Protests.

Was ist Kunst? Das Feld der subjektiven Kunstauffassungen ist weit. Folgende Zitate sollen zur Diskussion anregen:

„Ein Kunstwerk hat Eigenschaften, die ein gewöhnlicher materieller Gegenstand nicht hat, jedoch unsichtbare. [...] Das Ding wird zur Kunst durch die Möglichkeit seiner Interpretation. Lässt etwas keine Interpretation zu oder bedarf es ihrer nicht, kann es sich nicht um Kunst handeln."

HAUSKELLER 2008, S. 101

Kreativität passt überall rein. – Eine einfache weiße Gardine verwandelst du mit wenig Aufwand in ein echtes, vor dir entworfenes Kunstwerk."

IKEA, 2012, S. 130

2. Beispiel

Kunst in der Stadt: *Das Objekt „Safety cones" wird aufgestellt.*

Die Stadt Herford (NRW) beschließt, das Kunstwerk „Safety cones" (Pylonen) des Künstlers DENNIS OPPENHEIM an einem der Stadttore aufzustellen. Es kommt zum Kunst-Streit:

„Herford braucht keine Pylone. Die Bürger hätten von Anfang an an der Entscheidung beteiligt werden müssen" (Bürger für Herford).

„Künstler sollen sich mit zeitgenössischen Mitteln der ‚verlorenen' Stadttore annehmen" (Museumsdirektor).

„Das Projekt belastet nicht den städtischen Etat" (Sponsor).

„Ob Kunst in der Stadt aufgestellt wird, kann nicht von allen Bürgern entschieden werden" (Kunstexperte). (*GLOSEMEYER, 2010*)

Arbeitsanregung

- *Setzen Sie sich mit den beiden Beispielen auseinander. Versuchen Sie – gestützt auf die Informationen – den jeweiligen Kontext nachzuvollziehen, und beschreiben Sie die in den Texten vermittelten Kunstauffassungen, Positionen und Grundkonflikte.*
- *Suchen Sie Gemeinsamkeiten und Unterschiede. Diskutieren Sie die jeweiligen Haltungen, formulieren und begründen Sie Ihre eigene Auffassung von Kunst.*
- *Was verstehen Sie unter Kunst? Was ist Ihre Kunstauffassung? Formulieren Sie einige Aussagen über Ihre bisherigen Kunsterfahrungen. Stellen Sie diese Texte in einer Kleingruppe zur Diskussion.*

Der Beruf des Künstlers wandelt sich. **CASPAR DAVID FRIEDRICH** (1774–1840) beispielsweise arbeitete als Maler allein an seiner Staffelei im Atelier. Heute werden in der Kunstproduktion viele technische Medien eingesetzt, die neue Arbeitsweisen erfordern. Wenn früher lediglich Leinwand und Farbe für die Kunstproduktion zur Verfügung standen, werden heute Videokameras oder Computer eingesetzt. Folglich arbeiten die Künstler auch nicht mehr allein, sondern kooperativ in einem Team von Spezialisten.

Arbeitsanregung

- *Wie stellen Sie sich eine Künstlerin/einen Künstler vor? Was wissen Sie über dieses Berufsbild?*
- *Haben Sie schon einmal mit einer Künstlerin/einem Künstler über ihre/seine Arbeit gesprochen?*
- *Wie weit kann Ihrer Meinung nach der Einsatz technischer Mittel bei der Herstellung von Kunst gehen?*
- *Nehmen Sie dazu begründet Stellung, wo Sie Grenzen sehen würden.*

Informationen zur Rolle der Kunst und der Künstler in LFK, S. 37 und BWK, S. 12.

1.3.2 Orte der Kunst

Die Orte, an denen Kunstwerke ausgestellt und betrachtet werden, können sehr vielfältig sein. Nicht nur die professionell gestalteten Räume beherbergen Bilder, Skulpturen und Objekte, auch leer stehende Räume, Fabrikhallen, öffentliche Plätze in Wohnvierteln oder Wälder und Wiesen bieten hervorragende Präsentationsflächen, zu denen sich die Betrachter aufmachen können.

Orte der Kunst: *Das MuseumsQuartier (MQ) in Wien, eine Nana (Plastik) der Künstlerin Niki de Saint Phalle am Leibnizufer in Hannover*

Arbeitsanregung

- *Überlegen Sie, welche inneren und äußeren Voraussetzungen gegeben sein müssen, um sich offen auf die Auseinandersetzung mit einem Kunstwerk einlassen zu können.*
- *Wie müsste eine Kunstbegegnung gestaltet sein, damit Sie das jeweilige Kunstwerk umfassend wahrnehmen können?*
- *Beschreiben Sie, wie Sie bisher eine Kunstausstellung besucht haben – früher, mit der Schulklasse oder der Familie.*
- *Wo finden wir Kunst? Wo können wir Kunst erleben und erfahren?*

Die Begegnung mit der Kunst kann zu einem bildenden und nachhaltigen Erlebnis werden, wenn bestimmte Voraussetzungen gegeben sind. Es gibt viele Orte, an denen man Kunst sehen und erfahren kann. An manchen Orten kommt man jeden Tag unweigerlich vorbei, andere muss man bewusst aufsuchen.

Arbeitsanregung

- *In welchen Gebäuden können Sie Kunst sehen und erleben?*
- *Beschreiben Sie, welche Institutionen sich professionell mit Kunst beschäftigen. Beschreiben Sie die Aufgaben dieser Einrichtungen.*
- *Welche Kunstgalerien und -museen gibt es in Ihrer Stadt? Informieren Sie sich per Internet über das aktuelle Programm und das museumspädagogische Besucherangebot.*
- *Welches öffentlich ausgestellte Kunstwerk ist Ihnen besonders aufgefallen? Informieren Sie sich über den Künstler dieses Werkes und erstellen Sie eine originelle Fotoserie.*

Kunstpädagogen und Museumspädagogen entwickeln didaktische Konzepte, um Kinder und Jugendliche an die Ausstellungsstücke heranzuführen.

Praktische Kunstbegegnung: Die Kunst-Koffer kommen

2004 wurde in Wiesbaden ein Kunstprojekt ins Leben gerufen, das Kindern ohne Anmeldung regelmäßig künstlerische Mitmachaktionen anbietet. Unter Anleitung von Kunstschaffenden können Kinder mit den in den Koffern mitgebrachten Werkzeugen und Materialien spielen, gestalten und eigene Ausdrucksformen entwickeln. Persönliche Entfaltung und Entwicklung sollen über gestalterische Prozesse gefördert werden. Das Projekt Kunst-Koffer versteht sich als Ergänzung zu bestehenden Angeboten. Mehr Informationen dazu im Internet: www.kunst-koffer.com

Arbeitsanregung

- *Welche Konzepte kennen Sie?*
- *Informieren Sie sich darüber, ob das Museum in Ihrer Stadt eine eigene museumspädagogische Abteilung besitzt. Welche Aktionen und Aktivitäten werden dort ggf. für Kinder angeboten?*
- *Beschäftigen Sie sich mit den Konzepten dieser Einrichtungen und bewerten Sie das Angebot.*
- *Diskutieren Sie anhand des Kunstprojektes „Kunst-Koffer" den Stellenwert, den solche Projekte für die Auseinandersetzung mit Kunst haben können.*

1.3.3 Methoden der Kunstbegegnung

Arbeitsanregung

Moderne Kunst zu betrachten ist eine Herausforderung.

- *Wie nähern Sie sich solchen Werken?*
- *Beschreiben Sie Ihre Haltung und Einstellung gegenüber Werken der zeitgenössischen Kunst.*

Sehen Sie sich das auf Seite 15 abgebildete Kunstwerk von A. SALFELD an und beantworten Sie dazu folgende Fragen:

- *Was betrachten Sie – die Abbildung eines Gemäldes, einer Skulptur oder einer Videoinstallation?*
- *Welches Vorwissen, welche Kenntnisse haben Sie über die Künstlerin?*
- *Warum werden Sie dieses Bild betrachten? Wollen Sie Ihre eigene Kunstauffassung relativieren und sich für neue Formen der Kunst interessieren, Ihren Wissenshorizont erweitern?*

ANGELIKA SALFELD: Familiengeschichte, *2006, Tempera auf Leinwand, 90 x 90 cm*

In dieser Arbeit werden mehrere Fotografien zu einer malerischen Collage verarbeitet. Bildzitate werden aus dem biografischen Kontext gelöst, als Fragmente auf der quadratischen Fläche angeordnet und mit malerischen Mitteln ergänzt: Die Bildelemente bleiben unfertig, teilweise konturiert, werden nur angedeutet oder erscheinen verwischt, transparent – wohlwissend, dass der Ausgangspunkt dieser zeichenhaften Komposition immer Fotografien sind, die man so oder ähnlich hundertfach im kollektiven Archiv der Familienalben finden kann.

Ausschnitte aus dem Bild „Familiengeschichte"

Arbeitsanregung

- *Beschreiben Sie das Bild, beschreiben Sie alles, was Ihnen beim Betrachten aufgefallen ist, mit Ihren eigenen Worten. Vermeiden Sie eine vorschnelle Interpretation.*
- *Beginnen Sie mit den einfachen, ablesbaren oder unmittelbar ersichtlichen Informationen über das Bild: Titel des Bildes, Name des Malers, Entstehungszeit des Bildes, Entstehungsort des Bildes, Maltechnik, Größe des Bildes (Originalgröße), Hoch- oder Querformat, Aufbewahrungsort.*
- *Beschreiben Sie danach die Details des Bildes nach folgender Systematik: vom Großen zum Kleinen, von den Hauptachsen zu den Nebenachsen, vom Vordergrund über den Mittelgrund zum Hintergrund.*
- *Erwähnen Sie außerdem Material, Form, Farbe und Komposition, Perspektive, raumschaffende Mittel und die Wirkung der jeweiligen künstlerischen Mittel.*
- *Fertigen Sie mit Bleistift eine kleine Skizze an und untersuchen Sie damit die Komposition des Bildes.*
- *Welche Informationen haben Sie über die Künstlerin? Versuchen Sie herauszubekommen, wo die Künstlerin lebt, ob andere Werke von ihr bekannt sind.*
- *Suchen Sie nach weiteren Informationen über das Bild, um den Zusammenhang, den Kontext des Bildes besser zu verstehen.*
- *Wie waren die politisch-gesellschaftlichen Verhältnisse zur Zeit der Entstehung des Bildes?*
- *Wie sah die Kunstszene jener Zeit aus? Gehört die Künstlerin einer Gruppe an?*
- *Werden in dem Bild andere Werke der Kunstgeschichte zitiert?*
- *Auf welchen Ausstellungen war die Künstlerin bereits vertreten?*
- *Welcher persönlichen Werkepoche der Künstlerin ist dieses Werk zuzurechnen?*
- *Hat die Künstlerin immer schon mit diesen Medien gearbeitet?*

Nachdem Sie alle wichtigen Details des Bildes untersucht und beschrieben haben, können Sie nun einen ersten Versuch unternehmen und das Bild deuten, eine Aussage des Bildes formulieren. Je mehr Informationen vorliegen, desto genauer fällt die Deutung aus.

Arbeitsanregung

- *Sehen Sie sich noch einmal das Bild „Familiengeschichte" an und formulieren Sie auf der Basis Ihrer Beschreibung eine Aussage des Bildes.*

Ihre Schlussfolgerungen müssen nicht mit den möglichen Aussagen der Künstlerin zu ihrem Werk übereinstimmen; es gibt immer mehrere und verschiedene Auffassungen. Es geht immer um Ihre persönliche Interpretation, die Sie anhand der Beschreibung auch belegen und begründen können.

Arbeitsanregung

- *Sehen Sie sich das Bild „Familiengeschichte" oder ein anderes Bild an und entwickeln Sie aus Ihren Eindrücken, Gedanken oder Überlegungen ein Storyboard (mit Einstellungen, Regieanweisungen und Dialogen) für eine Filmsequenz (→ Ein Video planen, S. 93).*
- *Nehmen Sie das Bild als Anlass für einen Text. Schreiben Sie zu dem Bild eine Kurzgeschichte.*
- *Wählen Sie für eine weitere Betrachtung ein Kunstwerk aus – ein Gemälde, eine Skulptur oder Plastik.*
- *Informieren Sie sich im Internet über das ausgewählte Werk und halten Sie die Ergebnisse Ihrer Recherche fest.*

1.4 Farbe

1.4.1 Grundfarben

ISAAC NEWTON (1642–1726) machte 1666 die Entdeckung, dass in weißem Licht alle Farben enthalten sind. Für diese Erkenntnis benötigte er eine Versuchsanordnung bestehend aus einem weißen Lichtstrahl, den er durch ein Prisma – einen geschliffenen Glaskörper – leitete. Beim Austritt wurde der Lichtstrahl in die Regenbogenfarben aufgefächert: **Rot, Orange, Gelb, Grün, Blau, Indigo** und **Violett.**
JOHANN WOLFGANG VON GOETHE (1749–1832) beschrieb das Phänomen Farbe in seiner Gesamtheit: aus einer physikalischen und ästhetischen Perspektive. Goethes Farbschema umfasst die Farben: **Gelb, Orange, Rot, Violett, Blau** und **Grün**.
Das Phänomen der Brechung des weißen Lichts in seine Farbkomponenten lässt sich auch beispielsweise an der geschliffenen Kante eines Spiegels sichtbar machen.

Additive Farbmischung

Subtraktive Farbmischung

- **Farbmischungen**
  Die zwei Gesetze des Farbmischens sind die additive Farbmischung (von farbigem Licht) und die subtraktive Farbmischung (von Farbsubstanzen/Körperfarben):
- Die **additive Farbmischung** beruht auf den drei Grundfarben Rot, Grün und Blau. Wenn alle drei Farben in voller Intensität und gleichen Anteilen zusammenkommen, entsteht Weiß. Nach diesem Prinzip funktionieren das Farbfernsehen und der Computer-Bildschirm.
- Wenn man mit Farbsubstanzen arbeitet, hat man es mit der **subtraktiven Farbmischung** zu tun. Die drei Grundfarben sind Gelb, Cyan und Magenta. Gemischte Farbsubstanzen absorbieren mehrere Wellenlängen des Lichts und reflektieren Mischtöne, die dunkler sind als die drei Grundfarben. Die Leuchtkraft der Farben nimmt beim Mischen ab, weshalb diese Art der Farbmischung subtraktive Farbmischung genannt wird. Beim Vierfarbendruck wird noch Schwarz ergänzt, um schwarze Flächen intensiver darstellen zu können. Von der Grafik-Software ist das CMYK-Modell (CMYK = Cyan, Magenta, Yellow, Black) bekannt.

Arbeitsanregung

- *Untersuchen Sie die Prinzipien der additiven und subtraktiven Farbmischung: mit einzelnen Lichtquellen oder Farbpigmenten.*
- *Farbmischung am PC-Monitor: Betrachten Sie mithilfe einer Lupe die Bildpunkte bei der Wiedergabe unterschiedlicher Farbflächen.*

1.4.2 Farbkontraste

Der zwölfteilige Farbkreis

JOHANNES ITTEN (1888–1967), Lehrer am Bauhaus in Weimar, geht in seinem Farbkreis von den **Grundfarben Gelb, Rot** und **Blau** aus. Die Grundfarben können nicht aus anderen Farben ermischt werden. Aus den Grundfarben werden die **Mischfarben 1. Ordnung (Orange, Violett, Grün)** hergestellt. Diese sechs Farben bilden den einfachen sechsteiligen Farbkreis. Bei Mischungen der Nachbarfarben des sechsteiligen Farbkreises erhält man sechs neue Farben, die **Mischfarben 2. Ordnung**. Es ist hier das Mischen von Farbpigmenten gemeint.

Das Bauhaus gehörte zu den einflussreichsten Bildungsstätten des 20. Jahrhunderts. 1919 gründete WALTER GROPIUS die Kunstschule in Weimar. 1925 folgte der Umzug nach Dessau, 1932 nach Berlin, wo das Bauhaus jedoch schon 1933 unter Druck des nationalsozialistischen Regimes geschlossen werden musste. Die Idee des Bauhauses war es, die bildende und darstellende Kunst und das Kunsthandwerk wieder zu verbinden. In der Architektur sollte diese Einheit von Kunst und Handwerk vollzogen werden. Neue Produkte wurden experimentell entwickelt und erprobt, mit dem Ziel, sie funktionsgerecht auch industriell für einen großen Bedarf herstellen zu können. Neben WALTER GROPIUS unterrichteten am Bauhaus (zu unterschiedlichen Zeiten) bedeutende Künstlerpersönlichkeiten wie LYONEL FEININGER, JOHANNES ITTEN, JOSEF ALBERS, PAUL KLEE, WASSILY KANDINSKY, OSKAR SCHLEMMER, LÁSLÓ MOHOLY-NAGY und LUDWIG MIES VAN DER ROHE.

Arbeitsanregung

- *Gießen Sie gelb, rot und blau gefärbtes Wasser zusammen, um das Phänomen des Mischens von Farben sichtbar zu machen.*

Hell-Dunkel-Kontrast
Farben können mit Weiß aufgehellt oder mit Schwarz abgedunkelt werden und stehen unterschiedlich hell zueinander.

Kalt-Warm-Kontrast
Die Farben, die sich im Farbkreis gegenüberstehen, erscheinen als warm oder kalt, also Rotorange oder Blaugrün auf der anderen Seite.

Komplementärkontrast
Farben, die im Farbkreis gegenüberliegen, erscheinen nebeneinandergesetzt leuchtender, vermischt entsteht ein neutrales Grauschwarz.

Simultankontrast
Wenn man eine grüne Fläche vor eine graue Fläche hält, erscheint das Grau rötlich, da das Auge die entsprechende Gegenfarbe erzeugt.

Quantitätskontrast
Bei der Zusammenstellung von gleich vielen hellen und dunklen Farbflächen erscheinen die hellen dominanter als die dunklen.

Qualitätskontrast
Farben können mit Weiß, Grau oder Schwarz gemischt und somit im Gegensatz zu reinen Farben in ihrer Leuchtkraft gedämpft erscheinen.

Farbe-an-sich-Kontrast
Die reinen, nicht gedämpften Grundfarben und die Mischfarben 1. Ordnung wirken nebeneinander schon bei der einfachen Zusammenstellung.

Arbeitsanregung

- ***Farben beobachten:*** *Machen Sie sich sehr früh auf den Weg und beobachten Sie das Farbenspiel bei Tagesanbruch. Halten Sie mit Ihrer Digitalkamera die Eindrücke fest. Auch die Beobachtung von Naturereignissen ist bei bestimmten Wetterbedingungen möglich. Nehmen Sie Ihre Beobachtungen zum Anlass für Experimente mit Aquarellfarben.*

Farben der Natur: *ein herbstlich gefärbtes Weinblatt*

- ***Mischübungen:*** *Führen Sie verschiedene Mischübungen durch: Trüben Sie beispielsweise die Grundfarbe Blau mit Schwarz, bis Sie einen dunkleren Farbton bekommen haben, und malen Sie mit dieser Mischfarbe ein Quadrat neben das Quadrat mit dem reinen Blau auf ein Zeichenblatt. Wiederholen Sie diesen Vorgang so lange, bis Sie schließlich ein schwarzes Quadrat malen. Führen Sie diesen Malvorgang jetzt mit der Zugabe von Weiß durch.*
- ***Farbkontraste einsetzen:*** *Mit der Aquarellmalerei lassen sich Farbübergänge sehr gut herstellen. Besonders bei Landschaftsbildern ist dies wichtig. Experimentieren Sie bei mehreren Versuchen mit dem Qualitätskontrast, um einen deutlichen Vorder- und Hintergrund in Ihren Bildern zu erzeugen.*

Bunte und unbunte Farben: *Die Farben des Farbkreises sind bunte Farben. Schwarz, Weiß und die Grautöne sind unbunte Farben.*

Farbbeobachtungen:

Sonnenaufgang

Wolkenbildungen

Landschaft im August

Weitere Informationen zum Thema Farbe in KH, S. 67 ff.

1.4.3 Farbwahrnehmung

Farben wirken

Arbeitsanregung

- *Welche Rolle spielen für Sie Farben bei der Gestaltung der Inneneinrichtung?*
- *Wie würden Sie einen Raum beschreiben, der durch seine Ausstattung und Farbgebung auf Sie eher kühl wirkt? Und wie müsste entsprechend ein Raum aussehen, der Wärme und Behaglichkeit ausstrahlen soll?*

Bei der Einrichtung von Kindertagesstätten spielen Farben eine mitwirkende Rolle:

Raumgestaltung: *Die Farben eines Raumes regen die Sinne der Kinder an.*

- Die Farbigkeit eines Raumes regt die Sinne der Kinder positiv an.
- Farbgestaltung in der Kita ist keine persönliche Geschmackssache.
- Farben betonen und unterstützten die Funktion eines Raumes.
- Wesentlich bei der Auswahl der Farben für einen Raum ist die Frage nach seiner Nutzungshäufigkeit. Temporär genutzte Räume, wie Flur oder Kinderrestaurant, vertragen durchaus kräftige, eventuell auch „knallige" Farben. Ein dauerhaft genutzter Raum, wie der Gruppenraum, sollte mit gedämpfteren Farben gestaltet werden.
- Farbe bestimmt die Wahrnehmung der Proportionen eines Raumes.
- Farbe benötigt Licht, um in der gewünschten Art und Weise wahrgenommen werden zu können. Ein gutes Farbkonzept bedarf deshalb immer auch eines Lichtkonzeptes.

  (*FRANZ, 2008, S. 5*)
- *Vergleichen Sie diese Aussagen mit konkreten Beispielen aus Ihren Praktika. Welche Einrichtungen haben diese Kriterien in ihrer Farbgestaltung berücksichtigt?*

Farbsymbolik

Farben werden nicht nur in der Innenraumgestaltung bewusst eingesetzt, in der Malerei können mit ihnen Gefühle oder Stimmungen zum Ausdruck gebracht werden. Aber auch für Institutionen haben bestimmte Farben einen hohen Symbolwert.

Arbeitsanregung

- *Überlegen Sie, wie Werbefachleute Farben bewusst einsetzen und damit gezielt arbeiten, um ihren Produkten und Werbebotschaften einen auffallenden oder harmonischen Charakter zu geben.*
- *Nennen Sie Beispiele aus dem gesellschaftlichen Leben, in denen Farben einen hohen symbolischen Wert besitzen.*
- *Beispielsweise haben die Farben einer Flagge eine landestypische Symbolik. Erkunden Sie die Ursprünge der Landesfarben einiger bekannter Länder.*

Die folgende Aufstellung zeigt Zuschreibungen für einige Farben hinsichtlich der mit der jeweiligen Farbe verbundenen Empfindungen, Gefühle oder Symbole:

ROT:	Warm und feurig, kraftvoll, aktiv und aggressiv, steht für Liebe und Macht.
BLAU:	Kalt, nass, weit und unendlich, symbolisch steht Blau für Harmonie.
GRÜN:	Frisch, natürlich, gesund, Symbol für Hoffnung, Ausgeglichenheit.
GELB:	Leicht, angenehm, sommerlich, hell, Symbol für Eifersucht und Neid.
SCHWARZ:	Gefährlich und dunkel, leer, existentiell und elegant, Symbol für Trauer.
WEISS:	Rein, kühl, vollkommen, makellos, Symbol für Friede und Glaubwürdigkeit.
GRAU:	Neutral, unbestimmt, angepasst, konform, Symbol für Neutralität.

***Farbwahrnehmung:** Die Netzhaut des Auges enthält drei verschiedene Zapfen für drei verschiedene Wellenlängen des Lichts: kurz-, mittel- und langwellig. Die Zapfen leiten die ins Auge einfallenden Farbstrahlen in ihrer jeweiligen Wellenlänge ans Gehirn weiter. Dort entsteht die Farbempfindung.*

1.5 Zeichen und Form

1.5.1 Zeichen und Bedeutung

Zeichen sind Kommunikationsmittel und besitzen eine Form, die in ihrer Beschaffenheit beschrieben werden kann: Die Eigenschaften dieser Form werden bestimmt durch das Material, die Farbe, die Dimension, Begrenzung, Quantität, Qualität und die Umsetzungsweise. Da Zeichen kein Selbstzweck, sondern an eine Aussage gebunden sind, gibt es auch eine bestimmte Bedeutung, die mit dem Zeichen verbunden ist. Um aber die eigentliche Bedeutung eines Zeichens zu verstehen, muss man den gesamten Bedeutungszusammenhang von Objekt und Zeichen in den Blick nehmen: Erst dieser Kontext verschafft uns Klarheit darüber, warum in einer bestimmten Situation dieses spezifische Zeichen gesendet wurde.

Arbeitsanregung

- *Versuchen Sie, jemandem ausschließlich durch Handzeichen eine Botschaft zu übermitteln, und vergewissern Sie sich anschließend, ob Ihre Botschaft angekommen ist.*
- *Wenn Ihre Botschaft nicht verstanden worden ist, suchen Sie nach den Übermittlungsfehlern.*

***Unterschiedliche Zeichen –** gleiche Bedeutung*

- *Welche Zeichensprachen kennen Sie? Suchen Sie Beispiele in der Sprache, in der bildenden Kunst, in den Medien, der Musik usw.*
- *Zeichen werden sinnlich wahrgenommen: Wir können sie sehen, hören oder tasten. Betrachten Sie Beispiele von unterschiedlichen Vorgängen, in denen Zeichen durch andere ersetzt werden.*
- *Betrachten Sie die Beschaffenheit mehrerer visueller Zeichen. Beschreiben Sie genau die jeweilige Form und erläutern Sie die mit dem Zeichen verbundene Botschaft: Wie reagiert der Empfänger auf diese Zeichenform? Warum wird dieses Zeichen übermittelt?*
- *Sammeln Sie Beispiele, in denen das Objekt selbst eine Zeichenfunktion besitzt.*
- *Nennen und untersuchen Sie Zeichen, die in ihrem Aussehen (Dimension, Begrenzung, Qualität und Quantität) sehr unterschiedlich sind. Bestimmen Sie die inhaltliche Bedeutung der gefundenen Beispiele.*

1.5.2 Zeichen und Bezeichnetes

Der Begriff Zeichen wird differenziert in **Ikon**, **Index** und **Symbol**:

- Wenn das Zeichen eine größtmögliche Übereinstimmung mit dem, was es beabsichtigt darzustellen, besitzt, spricht man von einem **Ikon**. Fotografien, Porträts (siehe oben), Malerei, Grafik usw. beabsichtigen, das Objekt wirklichkeitstreu abzubilden. Die visuelle Nähe der Abbildung zur Vorlage wird mit dem Ikonizitätsgrad angegeben.
- Man spricht auch dann von einem Ikon, wenn die Abbildung sich nicht immer erkennbar an einem Objekt orientiert. In der Kunst ist dies häufig der Fall: Ein Ikon kann auch Zukünftiges vorwegnehmen und darstellen.
- Der Grad der Übereinstimmung von Ikon und Abgebildetem orientiert sich an der Informationsabsicht: Die Reduktion der Form oder das Weglassen von Bedeutungshinweisen verkürzt das Zeichen auf Wesentliches: Der Betrachter wird schneller auf den Kern der Botschaft gelenkt oder aufgefordert, das Dargestellte zu interpretieren.
- Wenn ein Zeichen aber unmittelbar auf das Bezeichnete hinweist, wird es **Index** genannt. Der Index hängt direkt von seinem angezeigten Objekt ab und ist wie die Objekte selbst an Orte und Zeiten gebunden.
- Eine Landkarte ist beispielsweise eine genaue Darstellung der einmaligen geografischen Verhältnisse mit Angaben der Entfernungen, Höhen und wichtigsten Verkehrswege.
- Die Darstellung der Wirklichkeit gewinnt an Genauigkeit durch die Erhöhung der Anzahl der eingesetzten Indizes: Eine Karte in einem großen Maßstab mit vielen Details kann über die Ortsbeschaffenheit mehr Auskunft geben und verbessert die Orientierung.

Zeichen werden unterschieden in:
***Ikon** (griech.) = Bild, Abbild*
***Index** (lat.) = Anzeiger*
***Symbol** (griech.) = Wahrzeichen, Sinnbild*
*Der Begriff **Ikonizitätsgrad** bezeichnet den Grad der Übereinstimmung zwischen dem Ikon und dem abgebildeten Gegenstand.*

Arbeitsanregung

- *Suchen Sie aus Zeitschriften und Tageszeitungen unterschiedliche Bilder heraus mit einem unterschiedlichen Ikonizitätsgrad. Betrachten Sie die Bilder und diskutieren Sie, warum die Redakteure diese Fotos für die veröffentlichten Artikel ausgewählt haben.*
- *Benutzen Sie die besprochenen Abbildungen und stellen Sie daraus Collagen her, indem Sie den Ikonizitätzsgrad deutlich verändern. Diskutieren Sie anschließend, mit welcher Absicht die entstandenen Bilder verwendet werden könnten.*

1.5.3 Das Zeichen als Symbol

- Ein Zeichen wird zum **Symbol**, wenn das Zeichen kollektiv mit einem bestimmten Bedeutungsgehalt aufgeladen und allgemein kommuniziert wird.
- Insofern tritt die Beziehung zwischen Zeichen und Objekt/Symbol und Objekt im Gegensatz zur kollektiven Interpretation in den Hintergrund.
- Bei der Festlegung eines Symbols ist zu berücksichtigen, ob das jeweilige Zeichen schon vergeben, sprich schon mit einem Bedeutungsgehalt bestimmt ist.
- Da Symbole von ihrer kollektiven Interpretation leben, bilden sie auch nichts direkt ab oder verweisen auf eine orts- und zeitgebundene Darstellung von Wirklichkeit: Sie sind abstrakt.

***Friedenszeichen:** Weiße Taube als Symbol für Frieden und Abrüstung*

Arbeitsanregung

- *Wie wirken Zeichen, Ikone, Indizes und Symbole auf den Betrachter?*
- *Untersuchen Sie in verschiedenen Bildbeispielen, wie Medien und auch Künstler mit ihren Bildern und Zeichen Reaktionen beim Betrachter hervorrufen, Gefühle wecken oder Rückmeldungen provozieren wollen.*
- *Untersuchen Sie die unterschiedliche zeichnerische Beschaffenheit der Zeichen: waagerechte und senkrechte Linien drücken Ruhe aus, schräge Linien dagegen stehen für Bewegung und Veränderung.*
- *In welchen Beispielen werden Farben, Helligkeit, Formen und Materialien absichtlich und überlegt eingesetzt, um ein kalkuliertes Feedback hervorzurufen?*
- *Mit welchen Zeichen oder Symbolen spielt die Werbung in ihren Werbekampagnen? Suchen Sie Beispiele.*
- *Zeichen werden immer mit einer konkreten Absicht und einer erhofften Wirkung verbunden – einer ideellen in der Kunst oder einer kommerziellen in der Werbung oder Wirtschaft. Man unterscheidet die*

  – imperative Wirkung (Appelle an den Willen des Empfängers),
  – suggestive Wirkung (Beeinflussung der Gefühle des Empfängers),
  – indikative Wirkung (keine Beeinflussung, sondern Aufklärung des Empfängers).

Suchen Sie dafür Bildbeispiele in den Anzeigen von Zeitungen und Zeitschriften.

- *Suchen Sie verschiedene Symbole und beschäftigen Sie sich mit den Bedeutungen.*
- *Versuchen Sie, selbst ein Symbol zu entwickeln. Betrachten Sie dazu das bekannte Friedenssymbol „Nuclear Disarmament".*

Entwicklung eines Symbols
*Das weltweit bekannte Friedenssymbol – ein umgedrehtes V in einem Kreis, das durch eine vertikale Mittellinie geteilt wird – entwarf 1958 der Grafiker **GERALD HOLTOM**. Er verwendete dazu das Winkeralphabet der Marine: Die Striche stellen die beiden Buchstaben N und D dar (N = zwei Arme unten, D = ein Arm unten, einer oben); der Kreis rundherum steht für die Weltkugel: „ND" heißt „Nuclear Disarmament" = Nukleare Abrüstung!*

Definition
Die** Syntaktik **ist die Lehre von der Beschaffenheit und Verknüpfungsmöglichkeiten der Zeichen.
Die** Semantik **befasst sich mit dem Bedeutungszusammenhang zwischen dem Zeichen und seinem Objekt. Zeichen können nur im gesamten Bedeutungskontext vollständig verstanden werden.
Die** Sigmatik **untersucht allgemein die Beziehung zwischen den Zeichen und dem Dargestellten.
Die** Pragmatik **beschäftigt sich mit den Wirkungen auf den Betrachter: imperative, suggestive und indikative Wirkung.

1.5.4 Merkmale der Form

Auch Formen sind Zeichen eines kommunikativen Prozesses und übermitteln Botschaften, die von Empfängern wahrgenommen werden können, wenn sie über das notwendige Zeichenrepertoire verfügen.

Formen werden wahrgenommen, wenn sie sich nicht nur von einer anderen Form, sondern auch von der Umgebung unterscheiden. Die Umgebung selbst stellt auch eine Form dar. Es geht also um die Unterscheidung der gemeinten Form von der nicht gemeinten Form. Nur durch diesen Gegensatz können Formen realisiert und erkannt werden.

Formen lassen sich nach folgenden Merkmalen unterscheiden:

- **Qualität der Form** (Beschaffenheit: Ist die Form rund oder eckig usw.?)
- **Quantität der Form** (Größe: Wie groß ist die Form?)
- **Dimension der Form** (Handelt es sich um eine lineare oder eine flächige Form?)
- **Begrenzung** (Wie grenzt sich die Form ab, durch eine klare Kontur?)
- **Umsetzung** (Mit welcher künstlerischen Technik wurde die Form realisiert?)

Für die Wahrnehmung ist die Qualität der Form von vorrangiger Bedeutung: Zuerst wird festgestellt, ob die Form *eckig* oder *rund, symmetrisch* oder *asymmetrisch, regelmäßig* oder *unregelmäßig* ist. Erst der zweite Blick wendet sich den anderen Erscheinungsmerkmalen der Form zu: Dimension, Begrenzung und Technik der Realisation.

Wahrnehmung der Form: *Die gemeinte und die nicht gemeinte Form ergänzen sich und ermöglichen die Erkennbarkeit.*

Zeichen:

- ***Ein Zeichen wird etwas genannt, was für etwas anderes steht, auf etwas hinweist, es repräsentiert und darstellt.***
- ***Zeichen stellen die Grundelemente eines Kommunikationssystems dar.***

Form:
Der Begriff Form (lat. forma) bezeichnet

- ***die Gestalt, die Art und Weise, wie etwas ist oder sich verändert,***
- ***in der Kunst die zum Ausdruck gebrachte Veränderung mittels eines Materials – als Bild oder Körper,***
- ***die körperliche Verfassung eines Sportlers (Fitness),***
- ***im Kampfsport einen feststehenden Bewegungsablauf.***

1.5.5 Formgebungen

- **Qualität**
  Der jeweilige Grundtyp einer Form ist mit der vermittelten Aussage eng verbunden. Beispielsweise wird mit runden Formen etwas anderes assoziiert als mit eckigen. Die gleichen Formtypen können auch mit unterschiedlichen Bedeutungen eingesetzt werden. Die grundlegenden Eigenschaften der Formen und ihre Bedeutungen sollen im Folgenden noch etwas differenzierter betrachtet werden.
- **Quantität**
  Die Größe einer Form in Bezug zur Umgebung bestimmt ebenfalls unmittelbar die Qualität: Je größer und kontrastreicher beispielsweise eine Darstellung wahrgenommen werden kann, desto größer erscheint auch der Aussagewert des Objektes. Beispiel

Sportfotografie: Verkleinerungen schaffen Übersicht und Distanz, dagegen beziehen Vergrößerungen den Betrachter direkt in die Dramatik des Sportgeschehens mit ein.

- **Dimension**
  Die Ausdehnung der Form ist eine relative Angabe und hängt von den Gegebenheiten ab: Eine Linie stellt sich als Summe mehrerer Punkt dar. Eine Fläche erscheint als begrenzte Form. Körper werden durch den umgebenden Raum begrenzt. Komplexe Formdimensionen steigern den Grad der Qualität einer Form.

- **Begrenzung**
  Wenn man Form als Differenz von gemeinter und nicht gemeinter Form definiert, ist die Begrenzung des Objektes von hoher Bedeutung: Durch die scharf oder schwach konturierte Form, die sich auch farblich von der Umgebung abhebt, wird die Möglichkeit der Unterscheidung und dadurch die Aussagekraft des Werkes erhöht.

Begrenzungen: *Die Bedeutung einer Form hängt auch von seiner Abgrenzung von der Umgebung ab.*

Gestaltungsbeispiele

Zur Umsetzung der Idee und Herstellung der Form eines Werkes wird neben einem spezifischen Material ein bestimmtes Verfahren gewählt. Bei diesem Vorgang geht es um die Übertragung der Informationsabsicht des Künstlers in eine Form. Man kann feststellen, dass sich die künstlerischen Verfahren und Formen im Laufe der Geschichte gewandelt haben.

- *Wie haben sich die Bildformen der Kunst entwickelt? Welche Formen, Techniken und Verfahren haben die verschiedenen Kunstrichtungen hervorgebracht?*
- *Inwiefern dokumentiert die Umsetzungsform die künstlerische Bildabsicht?*
- *Inwiefern drückt das wahrzunehmende Bildprogramm die Haltung und damit die Absicht des Künstlers aus?*
- *Wie werden im Bereich der Werbung im Vergleich zur Kunst die künstlerischen Mittel eingesetzt?*

Arbeitsanregung

- *Beschäftigen Sie sich mit dem Zitat des Soziologen NIKLAS LUHMANN (Seite 23). Erklären Sie noch einmal mit Ihren Worten, wie er den Begriff Form versteht und definiert. Suchen Sie dazu Beispiele.*
- *Erklären Sie den Unterschied zwischen den Begriffen Zeichen und Form.*
- *Skizzieren und diskutieren Sie dazu ein Kommunikationsmodell, in dem die Begriffe Sender, Empfänger, Aussage, Botschaft und Zeichen enthalten sind.*
- *Erklären Sie mit Ihren Worten die Begriffe Syntaktik, Sigmatik, Semantik und Pragmatik bezogen auf den Begriff Form.*

Gestaltungsmerkmale:
- ***Senkrechte Formelemente*** *betonen die Leichtigkeit und wirken lebendig.*
- ***Waagerechte Formelemente*** *betonen dagegen die Ruhe und wirken passiv.*

- ***Räumlichkeit*** *kann durch die Reihung gleicher Formen in unterschiedlicher Größe erzeugt werden.*
- *Unterschiedliche* ***Texturen*** *heben einzelne Formen durch den Kontrast hervor.*

1.6 Räumliche Darstellungen

Zentralperspektive: *Alle Linien laufen auf einen Punkt am Horizont zu.*

- **Zentralperspektive**
  Bei der Zentralperspektive, auch Fluchtpunktperspektive genannt, werden die im Raum parallel verlaufenden Linien in der Zeichnung nicht parallel wiedergegeben. Die in die Bildtiefe verlaufenden Linien schneiden sich genau in einem auf der Horizontlinie liegenden Punkt – dem Fluchtpunkt. Die dem Betrachter zugewandten Flächen des Objektes werden parallel zur unteren Bildkante gezeichnet. Die Zentralperspektive erlaubt nur eine Frontalansicht, da sich die Darstellung der Objekte an nur einem Fluchtpunkt ausrichtet.
- **Perspektive mit zwei Fluchtpunkten**
  Anspruchsvoller ist die perspektivische Darstellung mit zwei Fluchtpunkten. Diese Form wird auch Über-Eck-Perspektive genannt; man blickt dabei sozusagen auf die Ecke eines Gebäudes. Die Kanten des Gebäudes verlaufen entlang der Fluchtlinien. An den Stellen, wo sich zwei Fluchtlinien der gleichen Ebene überschneiden, wird eine vertikale Gebäudekante eingezeichnet.
- **Perspektive mit drei Fluchtpunkten**
  Bei der dritten Variante der perspektivischen Darstellung kann durch den dritten Fluchtpunkt zusätzlich noch eine räumliche Verzerrung nach oben oder nach unten hin dargestellt werden. Dadurch kann ein Blick von oben oder unten auf das Objekt gewährt und gezeichnet werden.

Perspektive mit zwei Fluchtpunkten

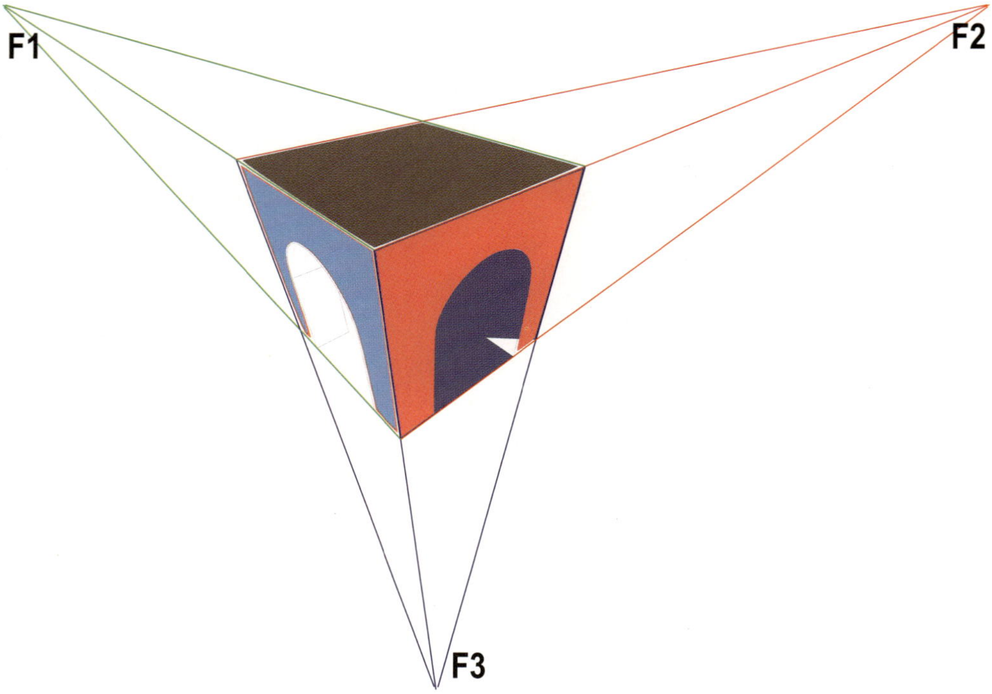

Perspektive mit drei Fluchtpunkten

Geschichte der Perspektive: *Perspektivische Darstellungen gab es schon in der Römerzeit; die Zentralperspektive wurde in der Zeit der Renaissance entdeckt. Der Architekt und Künstler* ***FILIPPO BRUNELLESCHI*** *(Erbauer der Kuppel des Florentiner Doms) wird als „Erfinder" der mathematisch konstruierbaren Perspektive angesehen.*

Was man braucht

- *Zeichenpapier in den Größen DIN A4 und DIN A3*
- *Eine glatte Unterlage oder ein Klemmbrett für das Zeichenblatt*
- *Bleistifte in verschiedenen Stärken: B2, B4 und B6*
- *Einen weichen Radiergummi (Knetradierer)*

Arbeitsanregung

- *Zeichnen Sie zum Thema Zentralperspektive eine Landschaft mit vielen geometrischen Körpern: Kugeln, Quadern, Kegeln und Zylindern. Durch die Größenanordnungen auf einer Ebene soll der Eindruck von Weite erzeugt werden.*
- *Bauen Sie ein Architekturmodell. Probieren Sie verschiedene Formen und Materialien dabei aus. Zeichnen Sie anschließend das Gebäude als Über-Eck-Zeichnung mit zwei Fluchtpunkten, anschließend eventuell auch mit drei Fluchtpunkten.*
- *Probieren Sie die Wirkung der Farbperspektive aus: Experimentieren Sie dazu mit Aquarellfarben auf kleinformatigem Aquarellpapier. Welche Farbversuche vermitteln am deutlichsten den Eindruck von Weite und Ferne in Ihren Bildern?*

1.7 Optische Täuschung/Visuelle Illusionen

Wahrnehmungstäuschungen

Visuelle Illusionen, oder auch optische Täuschungen, sind Phänomene, bei denen die visuelle Wahrnehmung irritiert wird: Es werden Sinneseindrücke vermittelt, die auf falschen Annahmen beruhen. Das Wahrgenommene weicht vom wirklich Vorhandenen ab.

Linientäuschung: *Die diagonalen Geraden verlaufen parallel über die Fläche. Die kurzen Schrägstriche stören diesen Eindruck.*

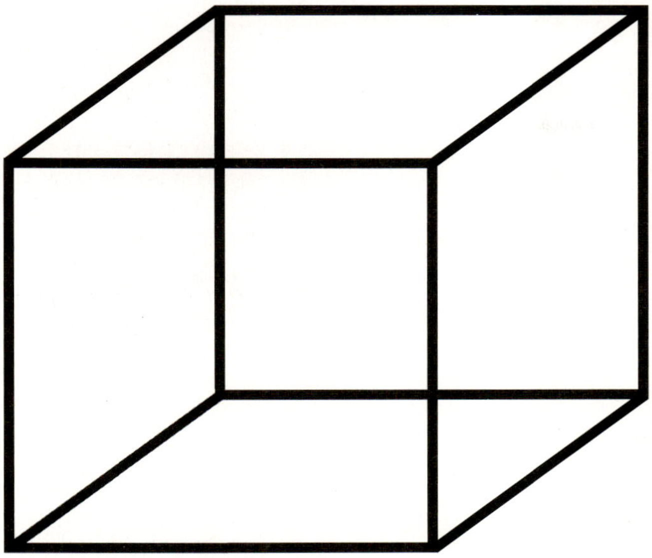

Necker-Würfel: *Man sieht das linke Quadrat des Würfels zunächst als vordere Fläche; nach längerer Betrachtung erscheint es wahlweise auch als hintere.*

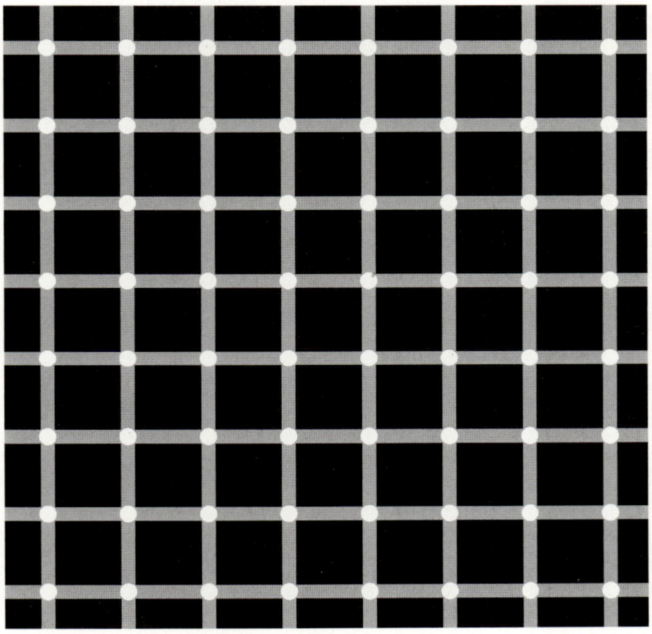

Hermann-Gitter: *In den Schnittpunkten der grauen Linien blitzen beim Betrachten kurzzeitig schwarze Punkte auf.*

„Ich möchte ununterbrochen darauf aufmerksam machen, dass alles, womit wir uns täglich beschäftigen, unerklärlich ist, ein Wunder ist. Wenn wir nur einen Moment stehen bleiben und uns überlegen: „Wie kommt das?“, „Wieso passiert das?“, „Wieso fliegt dieser Vogel?“ – Es ist ja einfach unglaublich! Da sitze ich und staune und staune. Wenn es mir gelingt, andere das Staunen wieder entdecken zu lassen, bin ich schon sehr froh. [...] Wenn Leute wieder zu staunen anfangen. Nicht zu zweifeln, sondern zu staunen. Zweifeln kann man an dem, was man hört; was jemand sagt; aber staunen kann man über das, was man sieht.“

VON FOERSTER, 2002, S. 33

Arbeitsanregung

- *Betrachten Sie längere Zeit die Beispiele der visuellen Illusion. Sehen Sie sich die Figuren genau an.*
- *Tauschen Sie sich in der Gruppe über Ihre Wahrnehmungen aus. Diskutieren Sie über die Frage, ob alles wirklich so ist, wie wir es wahrnehmen, und ob man diese Erkenntnis nicht auch auf andere Bereiche beziehen kann.*
- *Suchen Sie in Büchern oder im Internet nach weiteren visuellen Illusionen – beispielsweise nach Kippbildern.*
- *Recherchieren Sie nach Hintergrundinformationen.*

2 Botschaften senden

Kommunikation:
Auch wenn man nichts sagt, teilt man dem anderen etwas mit.

Wenn das Miteinander in einer Gesellschaft gelingen soll, sind die Menschen existenziell auf Kommunikation und die Bewältigung gemeinsamer Anliegen und Bedürfnisse angewiesen. Im Kapitel 2 geht es um einige grundlegende Aspekte, mit deren Hilfe Kommunikation als ein alltäglicher Vorgang untersucht werden kann. Was in der Regel als so selbstverständlich und unkompliziert angesehen wird, kann sich bei Missverständnissen aber auch als sehr unerfreulicher Konflikt entpuppen. Woran kann man erkennen, warum mich mein Gegenüber nicht versteht? Wie lässt sich eine Verständigung wieder herstellen?

2.1 „Man kann nicht nicht kommunizieren!“

Nicht nur die sprachlichen Äußerungen, sondern auch die Körperbewegungen, ein Lächeln, Pausen oder nur Schweigen – all das sind Äußerungen menschlicher Kommunikation.

Kommunikation ist der Austauschprozess zwischen Menschen und bezeichnet, dass Informationen und Botschaften zum Zwecke der Verständigung vermittelt und verarbeitet werden.

Kommunikation meint die Art und Wiese, wie Menschen sich verständigen, miteinander leben und ihre jeweiligen Lebenssituationen bewältigen. Da Kommunikation ein alltäglicher, selbstverständlicher Vorgang ist, scheint sie in der Regel unkompliziert zu sein – es sei denn, es kommt zu Missverständnissen. Dann allerdings muss man erkennen, dass man eventuell Hilfe braucht, um eine Verständigung wieder herstellen zu können.

Drei Teilbereiche sind bei der menschlichen Kommunikation zu unterscheiden:

- *die Kommunikationsmittel als Instrumente der Verständigung*
- *die Information und ihre Bedeutung für den Adressaten*
- *das menschliche Verhalten*

Menschen leben in einer Gesellschaft, sind soziale Wesen und existenziell auf Kommunikation und die Bewältigung gemeinsamer Anliegen und Bedürfnisse angewiesen.

- Die **verbale Kommunikation** ist die primäre Möglichkeit, miteinander zu interagieren, sich über Sprache auszutauschen, miteinander zu reden und mittels sprachlicher Begrifflichkeiten „die Dinge zu klären“. Dies setzt eine sprachliche Kompetenz des Sprechens und Zuhörens voraus. Diese muss erlernt, geübt und gepflegt werden.
- Die **paraverbale und nonverbale Kommunikation** verkörpert diejenigen Elemente, die sich über Mimik, Gestik, Körperhaltung und Erscheinungsbild ausdrücken. Verbale und nonverbale Kommunikation sind im gelungenen Fall kongruent, stimmig.

PAUL WATZLAWICK
(1921–2007) war Kommunikationswissenschaftler, Psychotherapeut, Psychoanalytiker, Soziologe, Philosoph und Autor. Mit dem Satz „Man nicht nicht kommunizieren“ verweist Watzlawick auf die Tatsache, dass man auch dann kommuniziert, wenn man gar nichts sagen kann oder möchte.

Die Grundsätze der Kommunikation

PAUL WATZLAWICK hat durch seine Forschung dazu beigetragen, dass Kommunikationsprozesse besser zu verstehen sind. Von seinen insgesamt fünf Axiomen (Grundsätze) der Kommunikation werden hier zwei vorgestellt:

1. „Man kann nicht nicht kommunizieren.“
   Selbst der schweigende Partner teilt durch seine Haltung auch ohne Worte viel über die missverständliche Situation mit. Auch wenn man sich darum bemüht, man kann sich nicht verstellen.
2. „Jede Kommunikation hat einen Inhalts- und einen Beziehungsaspekt, derart, dass Letzterer den Ersteren bestimmt und daher eine Metakommunikation ist.“
   Mit dem, was man sagt, schwingen durch die Betonung des Satzes usw. viele andere Botschaften mit, die den wahren Kern der Aussage verraten. Der Inhalt der Botschaft wird quasi in den Beziehungsaspekt eingepackt (Sandwich-Form), wird scheinbar zur Nebensache.

Arbeitsanregung

- *Erläutern Sie diese Axiome durch Beispiele.*

Kommunikationsverlauf: *Eine Nachricht wird über den Beziehungsaspekt vermittelt. Der eigentliche Inhalt kann dabei zur Nebensache werden.*

Beispiel: „Wo hast Du das T-Shirt gekauft?“
Wenn man nur auf den Inhaltsaspekt dieser Frage achtet, würde man eine entsprechende Antwort erwarten können, beispielsweise: „Im Internet“. Wird die Frage aber mit einem bestimmten Gesichtsausdruck – einem breiten Grinsen möglicherweise – gestellt, beeinflusst dies den weiteren Kommunikationsverlauf. Die Informationsfrage würde in diesem Falle insofern nur auf den Beziehungsaspekt abzielen: „Dass du dir so ein T-Shirt gekauft hast, wundert mich doch sehr!“

Arbeitsanregung:

- *Suchen Sie weitere Beispiele.*

2.2 Kommunikative Kompetenz

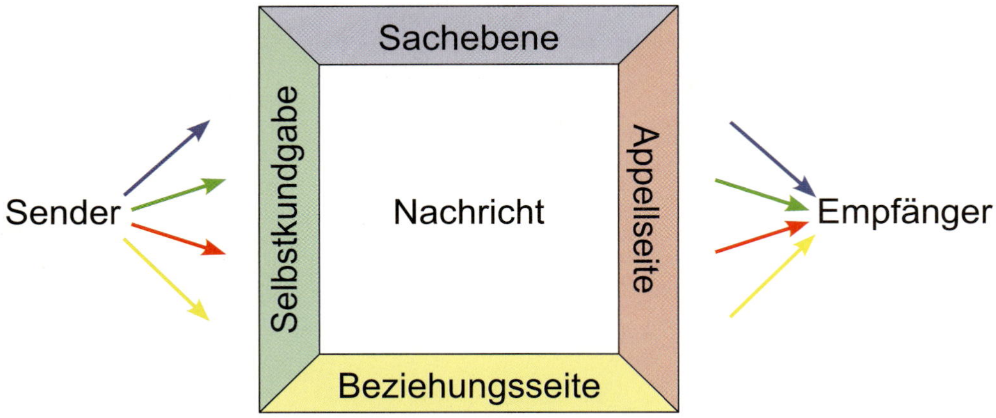

Das Vier-Seiten-Modell nach Schulz von Thun *(auch Vier-Ohren-Modell oder Kommunikationsquadrat): Eine Nachricht wird unter vier Aspekten oder Ebenen beschrieben.*

__FRIEDEMANN SCHULZ VON THUN__ (geb. 1944) war bis 2009 Professor an der Universität Hamburg und Begründer einer humanistisch-systemischen Kommunikationspsychologie.

Um die Botschaft der alltäglichen Mitteilung genau verstehen, den Inhalt genau entschlüsseln zu können, nimmt man das Kommunikationsquadrat zur Hilfe. Das von **FRIEDEMANN SCHULZ VON THUN** entwickelte kommunikationstheoretische Modell gliedert die Nachricht in vier Aussagebereiche auf:

Beispiel: Eine Frau sagt zu ihrem Mann: *„Ich habe schon mehrfach versucht, dich zu erreichen!"*

Erläuterung des Beispiels mithilfe des Kommunikationsquadrates:

- **Sachebene**
  Der Inhalt der Mitteilung wird sachlich zum Ausdruck gebracht. *Es wird mitgeteilt, dass die Frau mehrmals versucht hat, den Mann zu erreichen – ob per Telefon ist dabei offen.*
- **Selbstkundgabe**
  Der Sender vermittelt etwas von sich selbst, warum er diese Nachricht übermitteln möchte, was er darüber denkt, welche Haltung er hat. *Es war der Frau eventuell sehr wichtig, dem Mann mitzuteilen, was sie in einer Sache erreicht hat: Sieh mal, es geht, wenn ich es anpacke …*
- **Beziehungsseite**
  Dieser Aspekt vermittelt etwas darüber, wie der Sender zum Empfänger steht und welche Beziehung er sich zu ihm wünscht. *Eventuell möchte die Frau dem Mann mitteilen, dass ihr seine Meinung zu ihrer Botschaft ganz besonders wichtig ist, weil das wiederum Auswirkungen auf Entscheidungen ihres weiteren Handelns haben könnte.*
- **Appellseite**
  Der Sender möchte beim Empfänger etwas bewirken, ihn vielleicht zu einer bestimmten Handlung bewegen. *„Warum bist du eigentlich so schwer zu erreichen?", „Ruf doch auch mal an oder komm vorbei!" oder „Du bist ja nie zu erreichen!" Diese Aussagen könnten mit dem Satz auch verbunden sein.*

Kommunikation ist ein vielschichtiger Prozess, bei dem es immer darum geht, Missverständnisse zu vermeiden. Um das Kommunikationswirrwarr aufzulösen, kann man folgende Techniken und Verfahren anwenden:

- **Feedback:** *Sagen Sie Ihrem Gegenüber, dass Sie es verstehen oder wie seine Botschaft bei Ihnen ankommt. Zeigen Sie ihm, was seine Nachricht bei Ihnen bewirkt.*
- **Aktives Zuhören:** *Hören Sie nicht nur einfach zu, sondern sehen Sie Ihren Gesprächspartner auch an und versuchen Sie, alle Signale – Körperhaltung usw. – bewusst wahrzunehmen.*

- **Ich-Botschaften:** *Wird der Gesprächspartner direkt angesprochen oder kritisiert (Du-Botschaften), fühlt er sich eher nicht akzeptiert. Rückzug und Frustration können die Folge sein. Ich-Botschaften dagegen provozieren nicht und wirken eher als subjektive Mitteilungen des Senders.*

Arbeitsanregung

- *Diskutieren Sie die beiden Gesprächsszenen unter den kommunikationstheoretischen Aspekten von Schulz von Thun.*
- *Finden Sie mehrere Äußerungen aus alltäglichen Gesprächen und analysieren diese mit dem Vier-Ohren-Modell. Zu welchen Ergebnissen kommen Sie?*
- *Suchen Sie Beispiele, bei denen das Sandwich-Modell besonders deutlich wird.*
- *Informieren Sie sich über verschiedene Kommunikations- und Gesprächstechniken.*
- *Analysieren Sie die folgenden Gesprächsszenen nach dem Vier-Seiten-Kommunikationsmodell von Schulz von Thun:*

Beim Abendessen
Familie Neuhaus hat viel vor. Die gesamte obere Etagen Ihres Hauses soll nach längerer Zeit mal wieder renoviert werden: Wände streichen und Türen neu lackieren stehen auf dem Programm. Beim Abendessen besprechen Herr und Frau Neuhaus mit ihren beiden erwachsenen Kindern Julia und Florian die anstehende Maßnahme: „Da haben wir richtig viel zu tun!", sagt Herr Neuhaus in die Runde.

Im Büro
In diesen Tagen gibt es im Büro überdurchschnittlich viel Arbeit. Da wird jede Kraft gebraucht. Sogar Überstunden werden gemacht. Herr Krause nimmt trotzdem einen Tag Urlaub. Am Morgen danach begrüßen ihn seine Kollegen mit dem Satz: „Hattest du einen schönen Urlaubstag?"

2.3 Visuelle Kommunikation

Visuelle Kommunikation gehört neben der verbalen Kommunikation zum Bereich der nonverbalen Kommunikation: Die Übermittlung der Nachrichten und Informationen geschieht über visuell wahrnehmbare Zeichen.

Kommunikation ist soziale Interaktion. Die Beteiligten dieses Kommunikationsprozesses kennen die jeweils verwendeten Zeichen, um erfolgreich Nachrichten und Inhalte miteinander auszutauschen und gemeinsames Handeln ermöglichen zu können.

Bei der visuellen Kommunikation wird die Botschaft über das Zeichensystem eines bestimmten Mediums über einen Kanal übertragen. Der Empfänger hat die Möglichkeit, die Zeichen und Botschaften zu empfangen und nach seinem Verständnis zu interpretieren. Dazu ist eine entsprechende Kompetenz notwendig: Der Empfänger muss mit dem Repertoire an visuellen Zeichen des jeweiligen Mediums vertraut – medienkompetent – sein.

Das ist heute in einer zunehmend visuell geprägten Medienwelt nicht einfach. Man kann sich ihren Einflüssen kaum entziehen oder einfach aussteigen. Agenturen und Mediengesellschaften entdecken durch die Entwicklung neuer Bildtechniken immer wieder Möglichkeiten, um noch zielgerichteter visuelle Botschaften auszusenden und Kaufinteressen zu wecken. Visuelle Kommunikation ist kein einseitiger Prozess: Der mediale Austausch ist ein Prozess, an dem zwei Seiten beteiligt sind. Der Empfänger interpretiert seine wahrgenommenen Medienbotschaften und vergleicht seine bisherigen Erfahrungen mit den neuen Nachrichten. Auch die Massenkommunikation ist kein vollständig einseitiger Prozess; Wege der Rückkopplung und Kritik sind vorhanden und bestimmen das weitere Programm.

In den 1970er-Jahren wurde Massenkommunikation als öffentliche, durch ein technisches Verbreitungsmittel indirekt und einseitig an ein disperses Publikum gerichtete Kommunikationsform verstanden. Vor dem Hintergrund der Entwicklung der sozialen Netze (facebook, web 2.0) muss man heute eine viel stärke Partizipation der Mediennutzer mit eigenen Sprachentwicklungen feststellen.

Anfang der 1970er-Jahre wurde der Begriff visuelle Kommunikation erstmals in der Kunst und Kunstpädagogik benutzt. Inhalte der Alltagskultur wurden neben Exponaten der offiziellen Kunst im Unterricht thematisiert. Geprägt durch die gesellschaftskritischen Ideen der „Frankfurter Schule" übten die Vertreter der visuellen Kommunikation Kritik an den Massenmedien (Bewusstseinsindustrie), dem bürgerlichen Kunstbetrieb und dem Warencharakter der Kunst. Die Ideologiekritik der visuellen Kommunikation zielte auf eine emanzipatorische Wirkung: Durch Aufklärung sollte einem „visuellen Analphabetismus" entgegengewirkt werden. Visuelle Kommunikation wird heute oft auch im Zusammenhang mit Kommunikationsdesign genannt.

Alte Ziele neu beleben

In den 1970er-Jahren verfolgte die visuelle Kommunikation das Ziel, durch visuelle Aufklärung einen emanzipatorischen Prozess einzuleiten. Diese Intention ist noch aktuell; heute bezieht sich visuelle Kommunikation auf die Förderung der Medienbildung:

Websites: *Das Internet ist heute einer der wichtigsten Bereiche visueller Kommunikation.*

Besonders für die Gestaltung von Internetseiten gelten besondere Regeln, die sich im Lauf der kurzen Geschichte des Webdesigns herausgebildet haben:

- *Die Navigation der Website muss eindeutig und logisch aufgebaut sein.*
- *Das Design sollte in Form und Farbe unverwechselbar sein.*
- *Die Inhalte sollten kurz, prägnant und angemessen ausführlich dargestellt und vermittelt werden.*

Medienkompetenz: ***Befähigung zur*** *Medienkritik, Medienkunde, Mediennutzung und Mediengestaltung* ***– kurz: Der kritische und produktive Umgang mit den klassischen und neuen Medien soll gefördert werden.***

Ästhetische Kompetenz: ***Darunter versteht man die Befähigung zum kritischen Umgang mit künstlerischen Phänomenen und Entdeckung der eigenen kreativen Ausdrucksmöglichkeiten.***

Mehr zum Thema in LFK, S. 25 ff.

Arbeitsanregung

- *Überlegen Sie, welche optischen Signale und Reize auf Sie besonders stark wirken.*
- *Wo erleben Sie visuelle Kommunikation als besonders stark?*
- *Analysieren Sie einen Supermarkt unter visuellen Gesichtspunkten: Wie stellt sich das Arrangement eines Supermarktes als visueller Kommunikationspartner dar?*
- *Welche Bereiche gehören für Sie zur visuellen Kommunikation?*
- *Wo benutzen Sie besonders die Mittel visueller Kommunikation – im privaten oder beruflichen Bereich?*
- *Diskutieren Sie, wie das Kommunikationssystem der neuen sozialen Netze (beispielsweise facebook) einzuordnen ist.*
- *Diskutieren Sie die Gewohnheiten der visuellen Wahrnehmung von Websites.*

3 Bilder suchen

Stencil:
Graffiti mit Schablone und Sprühlack auf Papier

Malen, Collagieren, Drucken oder auch Sprühen zählen zu den wichtigsten bildnerischen Verfahren. Für jede einzelne Ausdrucksform stehen zahlreiche Variationsmöglichkeiten zur Auswahl – Aquarellmalerei, Zufallstechniken und Fotomontage beispielsweise. Welche dieser Techniken einen Anreiz für künstlerisches Arbeiten bieten und zu befriedigenden Ergebnissen führen, muss jeder für sich ausprobieren und erfahren. Auf den folgenden Seiten werden die wesentlichen Möglichkeiten bildnerischer Ausdrucksformen vorgestellt.

3.1 Malerei

Eine der wesentlichen Möglichkeiten, sich mit Farbe und Struktur auszudrücken, ist das Malen. Jeder Malprozess ist ein Kommunikationsprozess, bei dem die entstandenen Bilder eine Mitteilung, ein Zeichen darstellen. Jeder erlebt und empfindet seine Umgebung, seinen Erfahrungsraum anders. Folglich werden auch die Erlebnisse unterschiedlich „ins Bild gesetzt". Das führt zu verschiedenen, sehr persönlichen Ergebnissen.

Malerei ist die Organisation von Farbe bzw. Material auf einem geeigneten Malgrund. So bezeichnen Maler ihre künstlerische Tätigkeit. Offen bleibt in dieser Beschreibung, in welcher Weise diese Organisation der Farbe geschieht: als gegenständliche Abbildung oder frei, abstrakt, ungegenständlich. Es gibt vielfältige Wege, eine befriedigende Bildwirkung zu erzielen.

Arbeitsanregung

- *Was verstehen Sie unter Malerei?*
- *Welche bekannten Maler kennen Sie? Nennen Sie einen zeitgenössischen Maler. Beschreiben Sie ein Bild dieses Malers.*
- *Was wissen Sie über die Geschichte der Malerei? Welche Epochen kennen Sie?*

3.1.1 Aquarellmalerei

***Aquarellmalerei:** Viele Künstler skizzieren ihre Motive mit Bleistift und Aquarellfarben*

Aquarelle wirken frisch, lebendig, spontan und leicht. Die mit viel Wasser und weichen Haarpinseln aufgetragenen Farbpigmente wirken auf den Betrachter oft skizzenhaft, unfertig oder vorläufig. Doch gerade in dieser Wirkung, die scheinbar mühelos erreicht wird, liegt das Besondere und auch das Schwierige der Aquarellmalerei.

Informieren Sie sich über Aquarellmalerei in KH, S. 57 ff.

Arbeitsanregung

- *Mit der **Nass-in-Nass-Technik** lassen sich Farbverläufe herstellen. Ziehen Sie ein Aquarellpapier auf ein Brett auf: Feuchten Sie es mit einem Schwamm vorsichtig an und befestigen Sie es an allen vier Seiten mit einem wasserlöslichen Papierklebeband auf dem Malbrett. Dieser Vorgang verhindert, dass das feuchte Aquarellpapier nach dem Trocknen gewellt bleibt.*
- *Nehmen Sie mit einem weichen Haarpinsel Aquarellfarbe auf und erzeugen Sie auf dem nassen Papier Farbverläufe. Wahlweise können Sie die Farbe auch mit einem Schwamm auftragen.*
- *Versuchen Sie mit diesem Verfahren, eine plastisch wirkende Kugel zu malen. Skizzieren Sie dazu auf einem Aquarellpapier einen Kreis, feuchten anschließend nur die Kreisfläche an und beginnen an einer Seite mit dem Farbauftrag. Achten Sie dabei auf den Glanzpunkt.*
- *Wer in dieser Technik arbeitet, sollte zunächst auf Papierresten viel experimentieren. Man kann eine Bildidee skizzenhaft vorzeichnen oder der Farbe direkt freien Lauf lassen.*
- *Skizzieren Sie mit einem weichen Bleistift mit wenigen Linien die Gegenstände, die Sie zuvor auf einem Tisch zu einem kleinen Stillleben aufgebaut haben.*
- *Beginnen Sie danach mit der Technik des Lasierens das Bild zu vervollständigen. Tragen Sie mehrere Farbschichten auf. Lassen Sie die Farbe nach jedem Farbauftrag lange genug trocknen, sodass das Durchscheinen der überlagerten Farben besonders gut gelingt.*

*Viele Künstler verwendeten die Aquarelltechnik zum schnellen Skizzieren von Eindrücken im Freien. Auch für die Maler **PAUL KLEE, AUGUST MACKE** und **LOUIS MOILLIET** war die Aquarellmalerei ein sehr wichtiges Medium auf ihrer **Reise nach Tunis 1914**. Sie brachten zahlreiche Skizzen und Aquarelle mit, die sie später als Vorlage für größere Arbeiten benutzten (vgl. GÜSE, 1982).*

Beim Malen sollte man sich ein gewisses Tempo zu eigen machen und auch nie lange an einer Stelle herummalen, da besonders in der Deutlichkeit der Pinselstriche, der Farbspritzer und der zufälligen (oder gesteuerten) Farbvermischungen die Reize des Aquarells liegen.

3.1.2 Deckfarbenmalerei

Malerei: *Tempera auf Papier*

Informieren Sie sich über Deckfarbenmalerei in KH, S. 65.

Deckfarbenmalerei zeichnet sich durch den kräftigen und leuchtenden Farbauftrag und die intensive Farbigkeit der Bilder aus. Mit dem Begriff Deckfarben sind deckende Wasserfarben gemeint: Die Farben lassen sich mit Wasser verdünnen, sind sehr ergiebig und bleiben nach dem Trocknen wasserlöslich (außer Acrylfarbe). Im Gegensatz zu Aquarellfarben können mit Deckfarben auch dunkle Bildteile mit hellen Farben deckend übermalt werden. Ebenso sind die Farben geeignet, größere Flächen gleichmäßig anzulegen.

Arbeitsanregung

- *Welche Malweisen mit Deckfarben kennen Sie?*
- *Welche Bildwirkungen lassen sich mit unterschiedlichen Maltechniken erzeugen – beispielsweise beim Farbauftrag mit*
  - *einem Spachtel,*
  - *harten Borstenpinseln,*
  - *der bloßen Hand?*
- *Nutzen Sie für Ihre Bilder folgende Malwerkzeuge und Pinsel: Borstenpinsel, Spachtel, Walzen, Farbkämme, Karton, und als Malgründe: Malkarton in verschiedenen Stärken, Leinwand, Packpapier und alte Zeitungen.*
- *Probieren Sie die Spachteltechnik aus: Spachteln Sie dickflüssige Farbe in kräftigen Schichten ineinander und übereinander. Durch die Überlagerungen entsteht eine Plastizität des Bildes mit deutlichen, reliefartigen Höhen und Tiefen. Verwenden Sie dazu als Malgründe dicke Malkartons oder Pressspanplatten, die mit weißer Dispersionsfarbe grundiert werden.*

Mit der Deckfarbenmalerei lassen sich sehr verschiedene Arbeiten realisieren:

- *Bilder aus der Erinnerung malen: Stadtansichten, Eindrücke einer Zugfahrt usw.*
- *Bilder aus der Vorstellung malen: Dazu könnte eine Kurzgeschichte vorgelesen werden, verbunden mit der Aufgabe, Szenen oder Personen der Geschichte zu malen.*
- *Bilder nach der Natur malen: Muscheln, knorrige Äste, Herbstblätter*

Für die Spachteltechnik eignen sich experimentelle Themen:

- *Arbeiten Sie in eine feuchte helle Farbschicht mit Spachteln, Ausstechformen für Teig usw. hinein; achten Sie auf die Kontrastwirkung (→Farbkontraste).*
- *Tragen Sie für ein Bild mit dem Spachtel mehrere Farbschichten auf und kratzen Sie mit einem kleinen Holzspachtel in die feuchte Farbschicht, um intuitiv gewählte Zeichen, Botschaften oder Wörter einzuarbeiten.*

Was man braucht

- ***Farben:*** *Dispersionsfarben, Fingerfarbe, Gouache, Acrylarbe, Pulverfarbe, Temperafarbe*
- ***Malwerkzeuge und Pinsel:*** *Borstenpinsel, Spachtel, Walzen, Farbkämme, Karton*
- ***Malgründe:*** *Malkarton in verschiedenen Stärken, Leinwand, Packpapier und alte Zeitungen*

3.1.3 Experimentelles Malen

Experimentelle Malerei versucht neue Wege mit anderen Methoden auszuprobieren und das Verständnis von Bildgestaltung und -wahrnehmung neu zu definieren: Der Betrachter muss seinen eigenen Standpunkt zum Bild finden. Während gegenständliche Malerei durch die Abbildung Hinweise zum Verständnis gibt, wirken abstrakte Werke durch die spezielle Malweise und bieten unterschiedliche Assoziationen.

Künstler haben immer versucht, ihre Arbeitsweise zu verändern. Der amerikanische Künstler ***JACKSON POLLOCK*** *(1912–1956) beispielsweise hat mit Stöcken dünne Farbe auf die Leinwand geträufelt; er nannte dieses Verfahren „Dripping", bei der die Überlagerung der zufälligen Farbspuren eine rhythmische Bildstruktur erzeugt.*

Der Künstler ***GERHARD RICHTER*** *(geb. 1932) benutzt Rakel, um die Farbe auf die großformatigen Leinwände aufzutragen. Andere Künstler beziehen Fotos oder Materialien in den Malprozess mit ein. Immer wieder werden neue Verfahren erfunden, um die Kunst der Malerei zu beleben.*

Spachtelmalerei: *Die Farbe wird mit einem dünnen Metallspachtel rhythmisch aufgetragen.*

Spritzverfahren

Bei dieser experimentellen Malmethode wird dünnflüssige Temperafarbe mit einem Stock oder einem alten Borstenpinsel auf einen vorbereiteten Malgrund gespritzt. Weißer Karton oder eine aufgespannte Leinwand in beliebiger Größe eignet sich für diese Form des kreativen Arbeitens besonders gut.

Arbeitsanregung

- ***Spachteltechnik:*** *Tragen Sie die Farbe mit einem dünnen Metallspachtel rhythmisch und mit viel Dynamik auf.*
- *Sie können die dickflüssige Temperafarbe auch in mehreren Schichten mit einem Rakel oder Zahnspachtel, den Fliesenleger für den Auftrag des Klebers verwenden, auftragen.*
- *Wählen Sie einen ungewöhnlichen Malgrund und führen Sie mehrere Versuche durch.*
- *Betrachten Sie in der Gruppe die entstandenen Arbeiten und wählen Sie gelungene Beispiele für eine Ausstellung aus.*
- *Neue Malverfahren: Machen Sie sich auf die Suche, um neue, ungewöhnliche Hilfsmittel für den experimentellen Farbauftrag auf einen Malgrund zu entdecken.*
- ***Farbe spritzen:*** *Die Farbe wird mit einer Spritzpistole (links) oder einem Pinsel (rechts) auf eine rotierende Leinwand gespritzt. Gewollt oder zufällig entstandene Farbverläufe erzeugen Farbmischungen und geben dem Bild interessante Strukturen.*
- ***Körperbemalung:*** *Bei dieser Malaktion übertragen die eingefärbten Bereiche des Körpers die Farbe direkt auf die Leinwand (links). Die Gipsabformung des Körpers ist die Malfläche, die im Dripping-Verfahren bearbeitet wird.*
- ***Dripping:*** *Tragen Sie – wie JACKSON POLLOCK – die dünnflüssige Farbe mit einem Stock auf den auf dem Boden liegenden Malgrund (Papier oder Leinwand) auf. Die rhythmischen Farbspuren erzeugen die Bildstruktur.*

GERHARD RICHTER (geb. 1932):
„Nur über Malerei zu reden, ist schwierig, wenn nicht sogar sinnlos, weil man immer nur das in Worte fassen kann, was in Worte zu fassen geht, was mit der Sprache möglich ist. Und damit hat Malerei eigentlich nichts zu tun."
(*RICHTER zitiert nach BELZ, 2011*)

Film-Tipp: Gerhard Richter Painting, *ein Film von Corinna Belz, 2011*

3.1.4 Zufallstechniken

Einige bildnerische Verfahren spielen mit dem Zufall. Dabei kommt es nicht so sehr auf ein bestimmtes Ergebnis, sondern vielmehr auf die effektvolle Bearbeitung des Materials – Papier und Farbe – an.

Zufallstechnik: *Mit dem Abklatschverfahren lassen sich Bilder herstellen, die zur weiteren Bearbeitung anregen können.*

Aleatorische Techniken

Die Aleatorik (von lat. *alea*, der Würfel) bezeichnet in Musik, Kunst und Literatur das Hervorbringen künstlerischer Strukturen mittels improvisatorischer oder kombinatorischer Zufallsoperationen.
Der Begriff *aleatorisch* ist nicht gleichzusetzen mit *beliebig* oder *willkürlich*. Aleatorik beschreibt vielmehr eine bestimmte, nicht absichtsvoll gestaltete Erscheinungsform eines künstlerischen Werkes.

„Welche Rolle spielt der Zufall in der Kunst? Wo fängt Zufall an und wo hört er auf? [...] Die Einbeziehung des Zufallsprinzips in den künstlerischen Prozess ist ein wiederkehrendes Konzept der Kunst des 20. Jahrhunderts bis heute, [...]. Voraussetzung für Zufallsverfahren ist in jedem Fall eine spielerischexperimentierende Herangehensweise des Künstlers. Nachdem er die Regeln festgelegt hat, innerhalb derer der Zufall sich ereignen kann, gibt er in einer bestimmten Phase des künstlerischen Prozesses die Kontrolle über dessen Fortgang bewusst ab. Erst dieses Ausschalten der absichtsvollen, subjektiven Entscheidung des Künstlers ermöglicht ein Vordringen in gänzlich unbekannte, ästhetische Welten. Das unwiederholbare Ergebnis des Zufalls ist auch für den Künstler, der selbst zum Betrachter des Geschehens wird, eine Überraschung."

SPRENGEL MUSEUM HANNOVER 2012

Arbeitsanregung

Experimentieren Sie mit folgenden Verfahren:

- ***Abklatsch-/Abziehtechnik:*** *Tragen Sie in irgendeiner Weise – mit Pinsel oder Walze – Farbe auf eine Glas- oder Kunststoffplatte auf, drücken Sie anschließend ein Blatt Papier auf die Farbschicht und ziehen Sie das Blatt in einer eigenwilligen Bewegung (langsam, ruckartig, vorsichtig, mit kreisenden Bewegungen oder ziehend) wieder ab. Sie werden Ergebnisse erzielen, die Sie auch weiter bearbeiten können.*
- ***Farbe verpusten:*** *Es geht hierbei darum, dünnflüssige Farbe auf ein Blatt Papier aufzutragen und mit einem Strohhalm zu verpusten. Diese gepusteten Verläufe der Farbe können gezielt hergestellt werden und zum Weitermalen anregen.*
- ***Kratztechnik:*** *Eine Farbschicht wird auf einem farbigen, weichen Karton aufgetragen. Anschließend wird mit spitzen Werkzeugen aller Art hineingekratzt. Die Farbe des Untergrunds wird so wieder sichtbar gemacht. Mit Filzstiften oder einer Zeichenfeder kann das Motiv weitergezeichnet werden.*
- ***Monotypie (= Einblattdruck):*** *Tragen Sie auf einer Metall- oder Kunststoffplatte eine dünne Schicht Druckfarbe auf. Mit verschiedenen Werkzeugen können Sie nun in diese Farbschicht hineinarbeiten (kratzen, schaben, wischen usw.). Stellen Sie von dieser Platte einen Druck her, indem Sie über die Farbschicht ein Blatt Papier legen und mit einer Rolle abziehen.*
- *Wenn Sie auf die dünn aufgetragene Farbschicht ein Blatt Papier legen und mit einem runden Pinselstiel auf dem Blatt zeichnen, erhalten Sie nach dem Abziehen des Papiers eine Zeichnung mit interessanter Linienstruktur.*

- ***Spritzverfahren:*** *Legen Sie vorgefertigte Kartonschablonen auf ein Blatt Papier. Mit einer Zahnbürste und einem Sieb spritzen Sie nun wasserverdünnte Deckfarbe darüber. Während der Arbeit können Sie die Schablonen leicht versetzen und so gezielte Farbabstufungen herstellen.*
- ***Isolieren – Auswählen:*** *Wählen Sie aus den Ergebnissen besonders gelungene aus und bearbeiten Sie die entstandenen Bilder: Welche Strukturen können Sie in den Bildern erkennen? Isolieren Sie mit schwarzer Tusche Bereiche für eine neue bildnerische Aussage heraus.*
- ***Vergrößern – Präsentieren:*** *Schneiden Sie aus einem Karton ein kleines Passepartout aus – z. B. 5 x 5 cm groß – und führen Sie den Rahmen langsam über die Zufallsbilder. Wenn Sie eine reizvolle Position ausgemacht haben, fixieren Sie den Rahmen mit Klebeband und malen Sie die entdeckte Bildkomposition mit Deckfarben in einem größeren Maßstab nach – auf einem Malkarton oder auf Leinwand. Welche Erfahrungen machen Sie beim Kopieren dieser zufälligen Komposition?*

Weitere Informationen in KH, S. 57 ff. und BWK, S. 47 ff.

Was man braucht

- ***Deckfarbe:*** *Die Farben werden mit Wasser verdünnt, sind recht ergiebig.*
- ***Temperafarbe:*** *Die wasserlöslichen Farben haben eine gute Deckkraft.*
- ***Druckfarbe:*** *Wasserlösliche Druckfarbe in Tuben oder Dosen*
- ***Pinsel und Malwerkzeuge:*** *Haarpinsel und Borstenpinsel*
- ***Druckwalze*** *zum Einfärben der Glasscheibe*
- ***Glas- oder Kunststoffplatte*** *für Abziehtechnik und Monotypie*
- ***Zahnbürste und Sieb*** *für das Spritzverfahren*
- ***Zeichen- und Malpapier*** *zum Drucken und Experimentieren*
- ***Kunstdruckpapier*** *für die Abziehtechnik*

3.1.5 Ausdrucksmalerei

Farbrelief: *Die Farbkreise dieser Arbeit sind mit Papierwülsten reliefartig verstärkt und durch Bindfäden akzentuiert worden.*

Arbeitsanregung

Der Begriff Ausdrucksmalerei ist nicht eindeutig definiert:

- *Wodurch unterscheidet sich Ausdrucksmalerei von anderen Malverfahren? Bezieht sich der Begriff Ausdrucksmalerei lediglich auf den speziellen Einsatz von Farbe und Material in einem besonderen Malprozess? Versuchen Sie, den Begriff zu klären.*
- *Welche Voraussetzungen müssen für den Arbeitsprozess der Ausdrucksmalerei geschaffen werden?*
- *Welcher Raum eignet sich gut dafür, um großformatige Bilder herstellen zu können?*
- *Welche Einschränkungen, die den kreativen Prozess der Ausdrucksmalerei stören könnten, sollten vermieden werden?*
- *Wie stellen Sie sich eine produktive Atmosphäre vor, die auf die Teilnehmer ansprechend wirken soll?*

- *Wie kann der Raum vorbereitet werden, damit jeder Teilnehmer ungestört arbeiten und sich auf sein Bild konzentrieren kann?*
- *Wenn man sagt, dass das Malen selbst der Weg ist und das fertige Bild lediglich als Dokument des Malprozesses zu verstehen sei, welche thematischen Vorgaben und Gestaltungshinweise würden Sie dann den Teilnehmern dieses Malprozesses geben?*
- *Bereiten Sie eine Malaktion vor, bei die Teilnehmer auf großformatigen Malpappen arbeiten sollen. Beziehen Sie in Ihre Planung folgende Überlegungen mit ein:*
  - Welche Malgründe sind gut geeignet – Pappen oder Packpapier?
  - Wie welchem Einstieg werden Sie die Teilnehmer/-innen einstimmen und für den Malprozess motivieren?
  - Überlegen Sie für den Abschluss, wie die Gruppe gemeinsam den Malprozess reflektieren und eventuell eine Ausstellung der Bilder organisieren kann.

3.1.6 Malen nach Musik

Was man braucht

- *Farben (Tempera, Deckfarben, vgl. S. 38)*
- *Kreiden, Stifte*
- *Großes Papier*
- *Musikstücke (Beispiele S. 40)*
- *Eine gute Musikanlage*
- *Eine anregende und ungestörte Arbeitssituation*

Zum Malen braucht man einen besonderen Anlass: Entweder hat man ein Bild schon im Kopf und möchte es malen, aufs Papier oder die Leinwand bringen, oder aber man lässt sich von äußeren Dingen inspirieren, versucht etwas nachzuahmen, abzuzeichnen oder mit Farbe ausdrucksstark wiederzugeben. Man kann sich aber auch durch akustische Impulse animieren lassen, um eine Bildidee auf die Leinwand zu bringen.

Deckfarbenmalerei: *Komposition auf Papier aus einem Buch mit Musikstücken. Teilweise ist die Notenschrift unter den verdünnten Deckfarben noch zu erkennen. Die Arbeit kann eine Anregung sein, um alle verfügbaren Papiere des Alltags für künstlerische Arbeiten zu verwenden.*

Unter *Synästhesie* ***versteht man die Koppelung von eigentlich getrennten sinnlichen Wahrnehmungen, beispielsweise die Verbindung von akustischen und visuellen Eindrücken, die Koppelung von Musik- und Farbwahrnehmung. Töne werden mit bestimmten Farbtönen empfunden.***

Klänge oder Rhythmen können aber auch einfach der Anlass für eine visuelle Gestaltung mit unterschiedlichen Intentionen sein:

- Malen nach Musik fördert die Entspannung und das bewusste Hören.
- Stimmungen und Gefühle werden durch aktives Hören erkannt und auf dem Papier mit Farbe umgesetzt.

Malaktionen nach Musik gelingen, wenn man einige Dinge beachtet:

- Die Musik sollte nicht bekannt oder vertraut sein, da die Gedanken und Assoziationen, die diese Musik auslöst, bei den Hörern schon bekannt sind.
- Es sind Musikstücke aller Richtungen geeignet, nicht nur klassische Musik eignet sich gut für die Malaktionen: melodische Stücke, Instrumentalmusik oder auch neue Musik und Experimentalstücke, die ungewohnte Hörerlebnisse zulassen.
- Die Teilnehmer/-innen sollte aufgefordert werden, sich ganz auf ihre Bilder zu konzentrieren und nicht mit den Nachbarn zu sprechen, da sonst das Einlassen auf den kreativen Prozess gestört würde.
- Die Musikstücke sollten nicht zu lang sein; nach dem Ende der Musiksequenz können die Teilnehmer/-innen ihre Arbeiten in Ruhe vervollständigen.

Arbeitsanregung

- *Wählen Sie für eine Malaktion nach Musik ein klassisches Musikstück aus und bereiten Sie die Arbeitsflächen vor: geräumige Tische mit großen Papieren, übersichtlich angeordnete Malutensilien. Stimmen Sie die Teilnehmer auf die Malsituation ein und erklären Sie den zeitlichen Rahmen. Spielen Sie das Musikstück in angenehmer Lautstärke ab.*
- *Malen mit verbundenen Augen: Um das aktive Hören noch mehr zu steigern, kann man auch mit verbundenen Augen malen. Die Sequenz des Malens mit verbundenen Augen sollte nicht allzu lange dauern, da sonst bei einigen Teilnehmern auch Unbehagen entstehen könnte.*
- *Wählen Sie für eine Malaktion das Musikstück „Mudbone" von CARLOS SANTANA.*
- ***Malen nach Musik in verschiedenen Räumen:***
  - Richten Sie beispielsweise vier Räume mit jeweils vier unterschiedlichen Malangeboten ein.
  - Präsentieren Sie in den vier Räumen auch jeweils unterschiedliche Musikstücke, z. B.:
    1. Raum: J. S. BACH: Violinkonzert in e-Dur, BWV 1042
    2. Raum: L. v. BEETHOVEN: Sonate für Klavier in c-Moll op. 111
    3. Raum: ALEXANDER SKRJABIN: Sonate für Klavier in einem Satz op. 68
    4. Raum: DOMINIK SUSTECK: Farblichter, Musikstück für Orgel (2011)
  - Nach einer vorher festgelegten Zeitspanne wechseln die Teilnehmer den Raum und beginnen eine neue Arbeit zu dem neuen Musikstück.
  - Nach Beendigung des „Malens an Musikstationen" sehen sich die Teilnehmer die entstandenen Bilder an und reflektieren die unterschiedlichen Erfahrungen.

J. S. BACH *(1685–1750), Komponist, Orgel- und Klaviervirtuose in der Zeit des Barock, gilt heute als einer der bekanntesten und bedeutendsten Musiker.*

L. v. BEETHOVEN *(1770–1827) war Komponist der Wiener Klassik und Wegbereiter der Romantik im 19. Jahrhundert.*

ALEXANDER N. SKRJABIN *(1871–1915) war ein russischer Pianist und Komponist.*

DOMINIK SUSTECK *(geb. 1977) Komponist und Organist an der Kunst-Station Sankt Peter in Köln, Manager des jährlichen Festivals für neue Musik „Orgel-Mixturen" in Köln.*

3.1.7 Collage

Bei der Collage werden alle möglichen Abbildungen, Materialien und Gegenstände – Werbefotos, Zeitungsreste, Holzstückchen, Bindfäden, Metalldeckel und vieles mehr – direkt in die Bildkomposition hineingeklebt.
Dass man sich beim Collagieren nicht von bildnerischen Vorgaben einengen lassen möchte, versteht sich von selbst. Wie die gefundenen Bildelemente montiert werden, hängt von der kreativen Idee oder der augenblicklichen Intuition ab. Meistens weiß man zu Beginn der Arbeit noch gar nicht, wohin die Reise gehen wird.

Umrisse und Collage einer Hand: bewusster und unbewusster Einsatz unterschiedlicher Materialien

Arbeitsanregung

- *Sammeln Sie für Ihre Collagearbeit Kataloge, Zeitschriften und Werbematerialien. Alles, was irgendwie einen visuellen Reiz hat, lässt sich grundsätzlich zu neuen Bildern zusammenkleben/-montieren:*
  - Papiere und Pappen, Tapeten, Kartonreste
  - Fotomaterial aus Illustrierten und Zeitschriften, Fotokopien und Fotoausdrucke
  - Holzreste, Textilien
  - Metalle, Fundsachen vom Schrottplatz
  - Verpackungsmaterial
  - Naturmaterial
- *Das Suchen oder Stöbern und der kritische Blick auf das Material bringt die Entscheidung bezüglich der Frage, ob das vorliegende Material sich für die Bildidee eignet.*
- *Sehen Sie sich das vorliegende Material genau an und beginnen Sie das „Spiel mit den bildnerischen Mitteln" mit diesen Überlegungen:*
- *Wie kann man das Material verwenden?*
- *Wie kann das Material in die Bildidee eingefügt werden?*
- *Wie lassen sich Farbe, Form, Größe usw. verändern?*
- *Wie verändert das Material seine Bedeutung, wenn es vergrößert, verkleinert, vervielfältigt oder durch ein anderes ersetzt wird?*
- *Wie lassen sich mit dem Material bildnerische Gegensätze und Spannungen aufbauen?*
- *Sie können auch zu Beginn Ihrer Arbeit Begriffe oder Leitsätze festlegen, nach denen Sie nun das gesammelte Material ordnen und den Bildaufbau komponieren wollen.*

- *Nachdem Sie das Material gesichtet, eine zündende Idee bekommen haben, greifen Sie zu, ordnen und kleben Sie die Bildelemente nach Ihrer Vorstellung auf einen Bildträger – auf Pappe, Papier oder ein Holzbrett.*

Collage aus Zeitungsfotos und anderen Materialien

Das eigenwillige oder (scheinbar) am Zufall orientierte Zusammenkleben unterschiedlicher Materialien in einem Bild wird** Verfremdung **genannt. Für den Betrachter hat sich das Material durch diesen Eingriff verändert und trägt nicht mehr jene Bedeutung, die er kennt.

PABLO PICASSO und **GEORGE BRAQUE** hatten zu Beginn des letzten Jahrhunderts damit begonnen, in ihre Bilder Tapetenreste, Zeitungsausschnitte, bedrucktes Papier mit Holzmaserung, farbiges Geschenkpapier und Strohgeflechte einzukleben. Das Ergebnis war revolutionär: Ihre Bilder hatten eine ganz neue Wirkung. Sie bildeten nicht mehr ab, sondern stellten selbst etwas dar. Die Werke entstanden nicht als Abbild der Natur, sondern waren selbst Natur. GEORGE BRAQUE beschränkte sich zunächst darauf, ausgeschnittene oder ausgerissene Elemente verschiedener Materialien in linienförmige Kohlezeichnungen einzukleben. Er wollte erreichen, dass seine Bilder mehr Dynamik bekommen. Diese Materialflächen bildeten die Grundelemente der Komposition, die von leichten Linien des Kohlestiftes umgrenzt oder verbunden wurden.

Informationen zum Thema Collage in KH, S. 72 ff., LFK, S. 40 ff. und BWK, S. 53 ff.

Arbeitsanregung

- *Beschäftigen Sie sich mit dem Bildverfahren Collage: Überlegen und diskutieren Sie, warum dieses Verfahren in der Kunstgeschichte eine Revolution für die künstlerische Arbeit darstellte.*

3.2 Grafik

3.2.1 Fotomontage

Fotomontage mit Adobe Photoshop® Elements 9: *Das Motiv des ersten Fotos wird freigestellt und eingefärbt. Auf einer neuen Ebene wird ein zweites Bild untergelegt und bearbeitet.*

Das Charakteristische von Fotomontagen besteht darin, dass Teile von Fotos passgenau zu einem neuen Bildganzen zusammengesetzt werden – Perspektive und Größenverhältnisse der Einzelteile bilden dabei wieder eine geschlossene Bildkomposition. Um die beabsichtigte Wirkung eines neuen Bildzusammenhangs zu erzielen, ist genaues Arbeiten erforderlich.

Das Prinzip der Fotomontage wurde in den 1920er-Jahren von JOHN HEARTFIELD entwickelt und wird u. a. von KLAUS STAECK seit den 1970er-Jahren dazu eingesetzt, um auf politische Themen und Probleme mittels der Überzeichnung aufmerksam zu machen. Die Fotomontage reduziert das Problem auf eine knappe Aussage hin. Die Auswahl der Bildteile beschränkt sich auf einige wenige. Ein Text (Spruch, Zitat, Überschrift) kann als Unterstützung der Bildaussage einbezogen werden.

Fotomontagen mit dem PC gestalten

Am PC lässt sich das digitale Bildmaterial bequem verarbeiten: Größenverhältnisse und Textmontagen lassen sich schnell und präzise ausführen. Ebenso leicht können mehrere Variationen angefertigt und bei Bedarf korrigiert werden.

Für die Arbeit am Computer eignen sich für die Herstellung von Fotomontage mehrere Programme:

- Adobe Illustrator CS 5.1
- Adobe Photoshop® Elements 9 (für die Bildbearbeitung)
- Microsoft Expression® Design 4

Arbeitsanregung

- *Welches politische Thema der Zeit beschäftigt Sie? Diskutieren Sie in einer Kleingruppe das Problem und entwerfen Sie anschließend Fotomontagen, die die Problematik des Themas auf die Kernaussage zugespitzt vermitteln sollen.*
- *Erarbeiten Sie ein Bildmotiv, das die Thematik charakterisiert.*
- *Stellen Sie das Bild selbst her. Fotografieren Sie mehrere Varianten aus unterschiedlichen Perspektiven, damit Sie später viele Auswahlmöglichkeiten haben.*
- *Bearbeiten Sie das Motiv am PC: Wählen Sie einen geeigneten Ausschnitt und korrigieren Sie die Abbildung.*
- *Nun beginnt die Textarbeit. Formulieren Sie mehrere Sätze und legen Sie die Textzeilen probeweise unter das Bild. Wie passen Text und Bild zusammen? Ergänzen sich beide Elemente? Wird die Aussage der Fotomontage gesteigert?*

Informationen zum Thema Fotomontage in KH, S. 79.

3.2.2 Rollage

Rollagen oder Streifenbilder

Arbeitsanregung

- *Sammeln Sie verschiedene Fotos in unterschiedlichen Formaten.*
- *Zerlegen Sie die ausgewählte Bildvorlage in gleich breite Streifen.*
- *Kleben Sie die Bildstreifen nach einem neuen System wieder zu einem neuen Bild zusammen. Dabei können die Streifen vertauscht oder gegeneinander verschoben werden.*
- *Sie können auch Streifen weglassen oder verdoppeln. Die Auslassung einzelner Streifen führt zu einer Schrumpfung, die Verdoppelung zu einer Dehnung des Motivs.*
- *Eine besondere Wirkung erreichen Sie, wenn Sie die Streifen mehrerer Bildmotive miteinander verschränken. Achten Sie darauf, mit Schere, Cutter und Metalllineal die Bildstreifen präzise zu schneiden und zu montieren.*

Informationen zum Thema Rollage in KH, S. 76.

3.2.3 Decollage

Die Bildteile werden bei der Decollage nicht zusammengeklebt, sondern auseinandergenommen, zerstört, um Entstehungsprozesse, Strukturen und Bedeutungen von Bildern (beispielsweise der Werbung) sichtbar zu machen. Der Zerstörungsakt ist hierbei nicht als willkürlicher, sondern als gezielter Akt zu verstehen, der der Bewusstmachung von Zusammenhängen und Hintergründen dient. Ein oft angewandtes Beispiel der Decollage ist die Plakatwand der Außenwerbung, die abblättert und die unteren Schichten, Plakate früherer Werbungen, freigibt. Buntpapiere, die mit Kleister übereinander auf einen Untergrund geklebt und nach dem Trocknen wieder heruntergerissen werden, eignen sich gut für dieses Verfahren.

Arbeitsanregung

- *Bekleben Sie einen festen Karton mit mehreren Schichten Zeitungspapier, Illustrierten oder einfachen bunten Papieren. Reißen Sie anschließend die Lagen wieder ab.*
- *Achten Sie darauf, dass besonders interessante Strukturen entstehen. Die Kombination von Bild- und Textfragmenten macht den Reiz dieser Technik aus.*

3.2.4 Graffiti

Graffitsprayer tüfteln lange an den Formen der Buchstaben herum, entwerfen, verändern und probieren immer wieder neue Schatteneffekte und Wirkungen zunächst auf Papier aus: Für diese Übungen benutzen Sprayer ein Black Book, ein Skizzenbuch für ihre Graffitimotive.

Graffiti: *Die typografischen Elemente werden kunstvoll ineinander verschachtelt und mit grafischen Effekten versehen: Konturlinien, Lichteffekte durch weiße Aufhellungen und Schattierungen.*

Graffitis sind meistens kunstvoll verschachtelte Buchstaben, die mit verschiedenen grafischen Effekten zur Wirkung gebracht werden. Die Motivation der nächtlichen Künstler ist der besondere Kick beim Sprühen, die eigenen Ideen kreativ zu verwirklichen, Gefühle auszudrücken oder einfach ein „Tag" an markanter Stelle in der Öffentlichkeit anzubringen. Nicht alle Sprayer erreichen den entsprechenden Ruhm (*engl.: fame*), da ihre Arbeit illegal ist. Die Grenzerfahrung des künstlerischen Arbeitens im Unerlaubten macht den besonderen Reiz aus. Meistens gibt es aber auch legale Wände (*Graffiti Wall of Fame*), an der jeder sich probieren kann.

Arbeitsanregung

- *Beginnen Sie mit einer Entwurfszeichnung im „Black Book" (= Skizzenbuch für Graffitis). Probieren Sie auf diese Weise die grafischen Möglichkeiten aus: Buchstaben zeichnen, Schatten anlegen, Lichteffekte setzen und Farbe schattieren.*
- *Gute Graffitis brauchen viel Erfahrung. Um die sichere und lockere Handhabung der Sprühdosen und den Einsatz der wirkungsvollen grafischen Effekte zu üben, sprühen Sie Linien und Figuren zunächst auf großformatiges Zeitungspapier.*
- *Später arbeiten Sie auf großformatigen Holzplatten oder freigegebenen Wänden (Auftragsarbeiten). Beachten Sie am Anfang folgende Hinweise:*
  - Achten Sie darauf, dass Sie die Farbdose immer möglichst senkrecht halten und die Düsen (Caps) nicht verstopfen können.
  - Wählen Sie die richtigen Caps für die entsprechende Arbeit aus: breit sprühende Caps für Flächen, dünne für Konturlinien.
  - Beginnen Sie nach der Vorzeichnung stets mit der Fläche; setzen Sie dann die Lichtpunkte und schließen Sie Ihre Arbeit mit der Kontur (dünne Caps) ab.
- *Im Stadtbild sind sehr viele Graffitis zu sehen – gelungene und weniger gelungene. Diskutieren Sie das Phänomen Graffiti unter dem Gesichtspunkt des künstlerischen Ausdrucks im öffentlichen Raum im Stadtbild.*

Was man braucht

- *Skizzenpapier, Skizzenblock (Black Book)*
- *Filzstifte zum Ausprobieren*
- *Holzplatte, Stoff*
- *Sprühfarbe: mehrere Dosen und unterschiedliche Caps (= Farbdüsen)*
- *Handschuhe, Schutzmaske und Abdeckfolien*

3.2.5 Stencil – Graffiti mit Schablone und Sprühlack

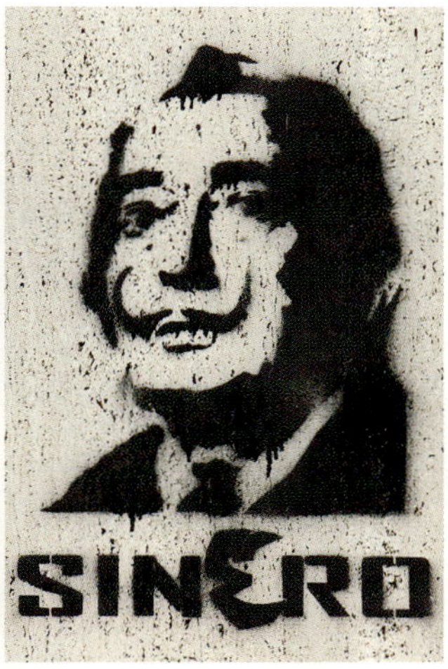

Stencil: *Immer häufiger kann man im Stadtbild Graffitis, die mithilfe von vorgefertigten Schablonen an die Hauswände gesprüht worden sind, entdecken – kleine Kunstwerke, die in der Illegalität entstanden sind und trotz der gestalterischen Mühen nur bedingt das Einverständnis von Hausbesitzern finden.*

Mit Stencil (*engl. = Schablone*) werden Graffitis bezeichnet, die mithilfe einer Schablone an die Wand gesprüht werden. Durch die freigeschnittenen Bereiche der Pappe wird die Farbe hindurchgesprüht oder auch mit dem Stupfpinsel auf die Fläche aufgetragen. Die Technik des Stenciling hat eine lange Tradition und wird schon seit Jahren dazu verwendet, um Wände oder Möbel mit Ornamenten zu dekorieren.
Die Motive der Stencilarbeiten, die man im Stadtbild entdecken kann, reichen von Porträts oder einfachen Gegenständen bis hin zu politisch motivierten Sprühschablonen: Zur Verbreitung von politischen Meinungsäußerungen werden Sprüche oder plakative Symbole mithilfe einer Schablone gesprüht.

Stencil: Das Verfahren

Im Gegensatz zum Graffiti findet beim *Stenciling* die gesamte Vorarbeit im „Atelier" statt:

- Nach vorausgehender Skizze wird das grafisch reduzierte Motiv auf eine dünne Pappe übertragen und mit einem Cutter ausgeschnitten. Vollständig freigestellte Bereiche müssen mithilfe von „Brücken" befestigt werden.
- Für mehrfarbige Stencils muss für jede Farbe eine entsprechende Schablone angefertigt werden.
- Die Schablone wird auf die Bildfläche gelegt und mit Farbe besprüht. Die angefertigte Schablone eignet sich gut für mehrere Einsätze.

Arbeitsanregung

- *Beschäftigen Sie sich mit dem Thema Graffiti: Informieren Sie sich mithilfe von Kunstlexika oder entsprechenden Internetseiten über Künstler, Werke und Fachbegriffe dieser Kunst.*
- *Sehen Sie sich einzelne Arbeiten in Ihrer Stadt bewusst an; diskutieren Sie die ästhetischen und auch die juristischen Fragen: Graffiti – Kunst im illegalen Bereich?*
- *Suchen Sie geeignete Motive, um daraus Stencils zu schneiden. Sprühen Sie die Motive auf Leinwände. Experimentieren Sie durch Kombination mehrerer Schablonen.*
- *Entwerfen Sie für eine sozialpädagogische Einrichtung ein Namensschild im Stile eines Graffitis: Bedenken Sie Typografie und Größe und die Bedingungen der Realisation.*

Was man braucht

- *Skizzenpapier und Filzstifte für die Entwürfe*
- *Dünne Pappe und Kohlepapier für die Übertragung des Motivs*
- *Cutter*
- *Sprühfarbe: mehrere Dosen und unterschiedliche Caps (= Farbdüsen)*
- *Handschuhe, Schutzmaske und Abdeckfolien*

3.2.6 Comic

Schülerarbeit: *Diese Comiczeichnung wurde gezeichnet, eingescannt und am PC weiter bearbeitet.*

Die Spuren des Comics lassen sich bis in die Antike zurückverfolgen. Durch alle Epochen der Geschichte hindurch gibt es Hinweise auf Kombinationsformen von Text und Bild, die eine Ähnlichkeit mit dem Comicstil aufweisen. **SCOUTT MCCLOUD** bezeichnet Comics als „bildliche und andere Zeichen, die zu räumlichen Sequenzen angeordnet sind und/oder beim Betrachter eine Wirkung erzeugen sollen" (*MCCLOUD, 1994*).
Comics erzählen in einer Bilderfolge eine Geschichte, wobei die gezeichneten Einzelbilder mit wörtlicher Rede (in Sprechblasen), erzählendem Text und einzelnen Lautmalereien ergänzt werden. Dieser unverwechselbare Stil des Comics wird auch als „sequenzielle Kunst" bezeichnet. Der häufig verwendete englische Begriff *Comicstrip* lässt sich mit *komischer Streifen* übersetzen. Comics werden in Comicheften oder in Zeitungen, dann allerdings meistens nur in Kurzform mit nur wenigen Bildern, veröffentlicht.

Comic als künstlerisches Verfahren

Besonders der Künstler **ROY LICHTENSTEIN**, ein Vertreter der Pop-Art, hat sich in den 1960er-Jahren in seiner Kunst mit dem einmaligen Stil des Comic auseinandergesetzt, indem er Einzelbilder oder -motive aus den Bildsequenzen isolierte und vergrößert auf die Leinwand malte. Die charakteristischen Merkmale des Comics – *flächige und schattenlose Zeichnungen, betonte Umrisslinien und Rasterpunkte, Lautmalereien und Textfragmente wörtlicher Rede* – übernahm er in seine großformatigen Bilder. Motive aus der Kunstgeschichte hat er ebenso aufgegriffen: Beispielsweise transponierte er **PABLO PICASSOS** Bildsprache in die Welt der Comickunst.

ROY LICHTENSTEIN *(1923 – 1997): Whaam, Whaam! 1963, Magna on canvas 172 x 269 cm, Tate Gallery, London*

Arbeitsanregung

- *Fotos lassen sich mithilfe eines Grafikprogramms am PC in die Bildsprache des Comics übersetzen. Wählen Sie aus Ihrer Fotosammlung geeignete Porträts aus, die Sie mithilfe des Bildbearbeitungsprogramms Adobe® Photoshop® Elements 9 im Stile eines Comics verfremden.*
- *Wählen Sie die Abbildung eines Kunstwerkes eines bekannten Künstlers aus und übersetzen Sie das Werk in die Bildsprache des Comics. Benutzen Sie Rasterungen, auffällige Konturen und Texteinblendungen.*

3.3 Vervielfältigung: Gestaltung und Reproduktion

Druckgrafik: *Linolschnitt*

Gegenüber den heute bekannten Möglichkeiten, eine Text- oder Bildvorlage zu drucken, haben die im Folgenden beschriebenen Druckverfahren eine gewisse historische Aura: Obwohl inzwischen die neuen Medien auch in den Kunstbereich Einzug gehalten haben, strahlen die alten Drucktechniken aber immer noch einen besonderen Reiz aus.

Die Hauptverfahren zur Herstellung von Druckgrafiken sind

- *der **Hochdruck**, zum Beispiel der Linolschnitt – hier werden alle hochstehenden Teile der Druckvorlage gedruckt;*
- *der **Tiefdruck**, zum Beispiel die Kaltnadelradierung – hier werden alle durch Einritzungen entstandenen Vertiefungen in der Druckvorlage gedruckt;*
- *der **Flachdruck**, zum Beispiel die Lithografie/der Steindruck – dieses Verfahren beruht auf dem Prinzip, dass Fett und Wasser sich abstoßen. Beim Einwalzen des angefeuchteten Steins nehmen alle leicht geätzten Flächen keine fetthaltige Druckfarbe an;*
- *der **Durchdruck**, zum Beispiel der Siebdruck – hier wird die Druckfarbe mit einem Rakel durch ein feines, gespanntes Nylongewebe gepresst.*

Was man braucht

- *eine Druckpresse (Walzenpresse) mit Druckfilzen,*
- *schwarze oder farbige wasserlösliche Druckfarbe in Tuben oder Dosen,*
- *Walzen verschiedener Größe zum Auswalzen der Druckfarbe und zum Einwalzen der Druckvorlage,*
- *eine dicke Glasplatte oder ein kunststoffbeschichtetes Brett zum Auswalzen der Druckfarbe,*
- *spezielle Druckvorlagen und Druckpapier für das jeweilige Verfahren*
- *einen Stapeltrockner, um fertige Drucke zum Trocknen abzulegen*
- *Material zum Vorzeichnen (Papier, Bleistifte, Radiergummi, Anspitzer, Scheren, Pauspapier),*
- *Reinigungsmittel (Papiertücher, Stofflappen, Besen und Kehrbleche), Arbeitskittel oder*
- *Schürzen, einen Verbandskasten (der hoffentlich nicht gebraucht wird).*

Arbeitsanregung

- *Beschäftigen Sie sich mit der Geschichte der unterschiedlichen Druckverfahren.*
- *Sehen Sie sich dazu die abgebildeten Druckplatten genau an. Was hat sich im Wesentlichen verändert?*
- *Beschreiben Sie die Einsatzmöglichkeiten der druckgrafischen Verfahren – auch im Zusammenhang gegenwärtiger Vervielfältigungstechniken.*

3.3.1 Linolschnitt

Beim Linolschnitt häufig verwendete Techniken sind:

- **Schwarzlinienschnitt:** Die Linolplatte wird mit den Messern so bearbeitet, dass das Motiv positiv (= erhaben) stehen bleibt. Dies ist ein eher aufwendiges Verfahren, da jeder Steg umschnitten werden muss.
- **Weißlinienschnitt:** Mit den Messern werden, der linearen Entwurfszeichnung folgend, Späne aus der Linolplatte gehoben. Das Motiv erscheint im Druck negativ (weiße Linien auf dunklem Hintergrund – siehe Abbildung oben).

Informationen zum Thema Linolschnitt in KH, S. 85 f.

Arbeitsanregung

- *Linolschnitt ist ein sehr plakatives Druckverfahren. Entwerfen Sie ein einfaches Plakat, das Sie aus einer DIN-A4-Linoldruckplatte herausschneiden können.*
- *Linolschnitte eigenen sich aufgrund ihrer grafischen Präsenz und der starken Kontraste auch gut für Illustrationen: Fertigen Sie zu kurzen Texten (Gedichte oder Kurzprosa) nach Skizzen eine Sequenz von Linolschnittillustrationen an.*
- *Eine besondere Einladungskarte: Für einen bestimmten Anlass soll es eine Einladungskarte mit einem Linolschnittmotiv geben. Entwerfen Sie dafür einen Linolschnitt in der vorgesehenen Größe.*
- *Übertragen Sie den Entwurf auf Transparentpapier und anschließend seitenverkehrt auf die Linolplatte.*
- *Heben Sie mit verschiedenen Messern Späne oder größere Teile aus der Platte heraus.*
- *Die fertige Druckvorlage walzen Sie gleichmäßig dünn mit Druckfarbe ein – das Drucken kann beginnen.*

Alle Verfahren – bis auf den Siebdruck – erfordern ein Umdenken. Bei der Herstellung der Druckvorlage muss das Motiv *spiegelverkehrt* ***eingeschnitten oder -geritzt werden, damit es auf dem Abzug richtig erscheint. Dies ist zum Beispiel bei Schriften zu berücksichtigen.***

3.3.2 Holzschnitt

Druckgrafik: *Holzschnitt*

Eine Besonderheit des Holzschnittes liegt im Material selbst. Risse im Holz oder auch die Holzmaserung sollten im Abzug deutlich sichtbar werden. Dies ist eine reizvolle zusätzliche Gestaltungsmöglichkeit, die sich auch bewusst in die Gesamtwirkung des Drucks einplanen lässt. Für den Druckstock werden immer Langholzplatten verwendet. Nach Möglichkeit wird immer parallel zur Maserung des Holzes gearbeitet, da sich Holzspäne so viel leichter herauslösen lassen.

Arbeitsanregung

- *Sehen Sie sich Holzschnitte der Künstlergruppe DIE BRÜCKE an, die Sie in Kunstkatalogen oder im Internet finden können.*
- *Welches sind die charakteristischen Merkmale des expressionistischen Holzschnitts?*
- *Suchen Sie sich für Ihren Druckstock eine Holzplatte mit möglichst deutlicher Maserung und einigen Aststellen.*
- *Versuchen Sie nun, diese Unebenheiten des Holzes bei der Vorzeichnung und Umsetzung des Motivs für den Druck zu berücksichtigen.*

Informationen zum Thema Holzschnitt in KH, S. 86 f.

Der Holzschnitt ist eine Vervielfältigungsmöglichkeit des frühen Mittelalters. Die Erfindung des Buchdrucks mit beweglichen Bleilettern hat die Notwendigkeit, ganze Seiten in Holzplatten zu schneiden, überflüssig gemacht. Kupferstich, Radierung, Lithografie und schließlich die Fotografie haben den Holzschnitt als Bildmedium verdrängt.

Die Mitglieder der expressionistischen Künstlergruppe ***DIE BRÜCKE*** *(1905–1913) um* ***ERNST LUDWIG KIRCHNER, ERICH HECKEL*** *und* ***EMIL NOLDE*** *haben den Holzschnitt als künstlerische Druckgrafik wiederbelebt. Das plakative Druckbild mit seinen teilweise groben, schwarzen Stegen hatte es den Künstlern besonders angetan.*

3.3.3 Radierung/Tiefdruck

Kaltnadelradierung ***nennt man das Tiefdruckverfahren im Gegensatz zur Strich- oder Flächenätzung, für die man Kupfer- oder Zinkplatten einsetzt.***

Informationen zum Thema Radierung in KH, S. 87 f.

Eine Alternative zu Zinkplatten sind harte Kunststoffplatten oder durchsichtige Rhenalonplatten.

Druckgrafik: *Kaltnadelradierung auf einer Rhenalonplatte*

- Die Platten sind in einer Stärke von 0,5 mm erhältlich und lassen sich leicht mit einer Schere schneiden.
- Der Vorteil ist, dass die Entwurfszeichnung unter die Platte gelegt und direkt nachgeritzt werden kann. Diejenigen, die nicht geübt sind, eine Zeichnung freihändig in eine Tiefdruckplatte zu ritzen, können diese technische Hilfestellung benutzen, was sich auch motivierend auf die Arbeit auswirkt: Die bildnerische Umsetzung gelingt – zumindest was die Umsetzung von Proportionen anbelangt – durch diese Vereinfachung fast immer.
- Die Umsetzung von Fotografien in eine Kaltnadelradierung ist mit diesem Verfahren auch wesentlich leichter: Das Bild wird direkt unter die transparente Platte gelegt und kann grafisch (mit Linien und Schraffuren) sozusagen nachgezeichnet werden.

Arbeitsanregung

- *Stellen Sie zum Thema Porträt einen Zyklus mit Kaltnadelradierungen her und wählen Sie die besten Drucke für eine Ausstellung aus. Signieren, rahmen und hängen Sie die Arbeiten in einem geeigneten Raum auf und organisieren Sie eine Ausstellungseröffnung.*
- *Wählen Sie eine Kurzgeschichte aus und entwerfen Sie als Illustration der Geschichte mehrere Kaltnadelradierungen. Stellen Sie die Arbeiten her und überlegen Sie eine ansprechende Form, die Bilder zusammen mit dem Text zu präsentieren.*

3.3.4 Materialdruck

Für den Materialdruck werden verschiedene Oberflächen als Druckstock verwendet und im Hochdruckverfahren gedruckt.

Arbeitsanregung

- *Sammeln Sie für die Druckstöcke des Materialdrucks Stoffstücke, Reste von Prägetapeten, Wellpappenstücke, Schnüre, Federn, Tortenspitzen, Kartonreste usw.*
- *Entwickeln Sie eine Gestaltungsidee und kleben Sie einer Gesamtkomposition entsprechend die „Druckelemente" auf einen festen Untergrund, z. B. auf die Pappe eines Zeichenblocks.*
- *Auf diese Weise entsteht ein Materialbild (Collage). Achten Sie darauf, dass die aufgeklebten Teile in etwa die gleiche Höhe haben.*
- *Walzen Sie die so entstandene Druckvorlage sorgfältig mit Farbe ein. Die Druckherstellung kann beginnen.*
- *Wählen Sie für einen experimentellen Materialdruck unterschiedliche Oberflächen aus. Montieren Sie verschiedene Druckstöcke zum Thema Skyline und stellen Sie eine kleine Serie von Abzügen her. Untersuchen Sie die Druckeigenschaften und die bildnerische Wirkung der einzelnen Materialien.*
- *Illustrieren Sie mit Materialdrucken eine Kurzgeschichte für Kinder.*

Was man braucht

- *Materialien für den Druckstock:*
- *Stoffe*
- *Prägetapeten*
- *Holzreste*
- *Schnüre*
- *Federn*
- *Kartonreste*
- *Bleche*
- *Kunststoffe*
- *Kleber*
- *Druckfarbe usw. (siehe Hochdruckverfahren)*

Informationen und Abbildungen zum Thema Materialdruck in KH, S. 84 und BWK, S. 60 ff.

3.4 Papierarbeiten

3.4.1 Papier marmorieren

Marmorierte Papiere findet man als Vorsatzpapiere und zur Gestaltung von Einbänden älterer Bücher, deren Buchdeckel in der Regel mit handgemachten Bezugspapieren beklebt wurden. Marmorieren ist ohne Vorkenntnisse möglich. Es macht Spaß und fördert die Experimentierfreude.

Marmorieren: *Ein Beispiel für die Kunst des Marmorierens von Papier*

Informationen zur Technik des Marmorierens in KH, S. 133.

Was man braucht

- *Marmorierfarben*
- *Marmoriergrund*
- *Beiz- und Konservierungsmittel*
- *Eine Schale*
- *Papiere*
- *einfache Arbeitsinstrumente, wie z. B. Stäbchen oder Kämme*

Arbeitsanregung

- *Marmorieren ist eine sehr experimentierfreudige Technik, die zu visuell reizvollen Ergebnissen führt. Stellen Sie mehrere marmorierte Papiere her und bekleben Sie damit kleine Schachteln oder Kartons, die Sie aus dünner Graupappe für die Aufbewahrung von Fotos in Postkartengröße hergestellt haben.*
- *Sie können ein ansprechendes Skizzen- oder Tagebuch für Ihre Aufzeichnungen herstellen. Binden Sie einen Stapel gutes Papier und stellen Sie dafür einen festen Einband mit marmoriertem Papier her.*

Informationen und Anleitungen zum Thema Buchbinden in KH, S. 137 ff.

3.4.2 Papierbatik

Das Batiken mit Papier gehört zu den einfachen, aber visuell sehr beeindruckenden Techniken des dekorativen Gestaltens. Dabei verwendet man ein sehr saugfähiges Japanpapier, welches nach unterschiedlichen Mustern gefaltet und in die Batikfarbe eingetaucht wird. Man kann das gefaltete Papier aber auch mit dem Pinsel einfärben.

Was man braucht

- *Saufähiges Japanpapier*
- *Batikfarben (in verschiedenen Farbtönen, in 10g-Beuteln abgepackt zum Anrühren)*
- *Behälter (Glas, Joghurtbecher o. ä.)*
- *Pinsel*
- *Papier zum Unterlegen*
- *Handschuhe und Arbeitskleidung*

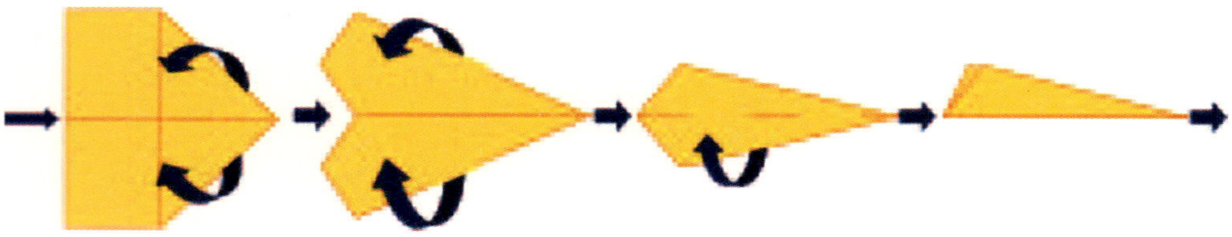

Faltvorgang: *Für die Kreistechnik wird das Japanpapier spitz gefaltet und dann in die Farbe getaucht.*

Die Muster, wie das Papier vor dem Färben gefaltet, geknickt oder gerollt wird, können sehr unterschiedlich sein. Der Fantasie sind dabei keine Grenzen gesetzt. Neben dem oben angeführten Faltvorgang für die Kreistechnik kennt man auch noch die Streifentechnik, Quadrat- und Rolltechnik.

- Nach dem Ansetzen der Farben (nach Beschreibung) werden die Japanpapiere gefaltet.
- Danach beginnt der Färbevorgang. Man wählt die Farben, die man einsetzen möchte, und beginnt mit der hellsten Farbe. Das Papier bleibt während des gesamten Vorgangs gefaltet.
- Nachdem das gesamte Papier von der Farbe durchfeuchtet ist, lässt man es noch einige Zeit (ca. eine Stunde) auf einem Abtropfpapier etwas antrocknen. Danach kann man es öffnen und – wenn es vollständig getrocknet ist – bügeln.

Arbeitsanregung

- *Papierbatiken wirken farblich sehr intensiv und lassen sich für vielfältige Anlässe verwenden. Möglich wäre beispielsweise die Herstellung von Einladungskarten: Wählen Sie Ausschnitte aus Papierbatiken aus und integrieren Sie die Stücke in eine Klappkarte.*
- *Schneiden Sie aus einem leichten Karton ein Passepartout für eine Papierbatik aus, rahmen Sie Ihre experimentelle Farbbatik und heben Sie Ihr Bild so hervor.*

3.4.3 Papierschnitte

Klappbild: *Weißes Papier auf schwarzem Karton*

Mit Papier lässt sich eine Vielzahl von einfachen bis schwierigen Arbeiten herstellen: Schneide-, Falt- und Klebearbeiten mit den unterschiedlichsten Papiersorten. Eine besondere Technik ist beispielsweise die Kunst des Papierfaltens.

Arbeitsanregung

- *Stellen Sie praktische Beispiele her zu den folgenden Formen der Papierschnitte:*
  - **Klappbilder:** Aus einem schwarzen Papier werden Teile herausgeschnitten und auf die gegenüberliegende Seite geklappt.
  - **Papier spalten:** Eine Scheibe aus farbigem Papier wird in verschieden breite Streifen zerschnitten. Dann werden die Streifen mit etwas Abstand und leicht versetzt auf einen weißen Untergrund geklebt. So entsteht eine rhythmische Abfolge von Formen.
  - **Scherenschnitt:** Scherenschnitte werden meistens aus dünnem, tiefschwarzem Spezialpapier angefertigt. Auf einem weißen Untergrund wirken die Arbeiten am besten. Mit einer guten Schere und etwas Übung lassen sich auch Formen mit größeren Feinheiten aus dem Papier herausschneiden.
- *Wählen Sie einen gegebenen Anlass aus, um eine Karte anzufertigen. Für diese Gestaltung wählen Sie die Technik des Scherenschnitts. Schneiden Sie aus schwarzem Papier das Kartenmotiv aus und fügen Sie es in das Gesamtlayout der Karte ein.*

Papiersorten:

- ***Faltpapier*** *in unterschiedlichen Farben*
- ***Packpapier*** *für größere Arbeiten*
- ***Regenbogenpapier*** *mit sanften Farbverläufen*
- ***Seidenpapier*** *zum Hinterlegen von Schneidearbeiten*
- ***Schwarzpapier*** *für Scherenschnitte*
- ***Transparentpapiere*** *zum Hinterlegen von Schneidearbeiten*

Zubehör: *Außer Bleistift, Radiergummi und Lineal sind eine gute, spitze Papierschere und ein Schneidemesser die wichtigsten Arbeitsinstrumente. Zum Kleben sollten lösungsmittelfreie Klebstoffe verwendet werden. Dicke Pappen oder Holzbretter dienen als Schneideunterlage.*

4 Formen finden

Tonplastik:
Diese Arbeit wurde nach dem Modellieren gebrannt.

Anders als beim Zeichnen und Malen bietet das plastische Arbeiten die Möglichkeit, das Objekt von allen Seiten zu bearbeiten – „begreifbar" zu machen. In diesem Kapitel werden vielfältige Möglichkeiten des plastischen Arbeitens vorgestellt. Dazu soll insbesondere das Arbeiten mit den Materialien Ton, Gips, Metall, Holz und Stein thematisiert werden. Es geht auch um die Beschäftigung mit Objekten, um den Bereich des Ausdrucks mit Masken und um die Kunst auf der Straße.

4.1 Ton

4.1.1 Aufbaukeramik mit Wülsten

*Es gibt **fetten** und **mageren Ton**:*

- *Werkstücke aus fettem Ton werden beim Trocknen etwa 20 % kleiner.*
- *Der magere Ton fühlt sich rauer an und trocknet schneller und ist besonders für größere Werkstücke geeignet.*

Man unterscheidet:

- *Weiß brennender Ton (Die Werkstücke werden meistens glasiert.)*
- *Rot brennender Ton (Nicht gebrannt ist dieser Ton ockerfarbig.)*
- *Schwarz brennender Ton (Die Farbe ist sehr intensiv, scheint durch alle Glasuren durch.)*

Hinweise:

- ***Wenn Arbeiten länger dauern oder Pausen eingelegt werden, sollte ein feuchtes Tuch über die Plastik gehängt werden, um das Werkstück feucht zu halten. Die unfertige Arbeit kann auch in ein Stück Plastikfolie luftdicht einpackt werden.***
- ***Werkstücke können nur mit einer Wandstärke bis etwa 2 cm gebrannt werden, ansonsten besteht die Gefahr, dass sie beim Brennen im Ofen zerplatzen.***

***Aufbaukeramik:** Ein Gefäß wird mit Wülsten aufgebaut.*

Was man braucht

- *Weiß, rot oder schwarz brennenden Ton*

Werkzeuge:

- *Tonschneider*
- *Unterlagen*
- *Modellierhölzer*
- *Feuchte Tücher*
- *Plastikfolie*

Arbeitsanregung

- *Nehmen Sie einen Klumpen Ton und formen Sie daraus eine Schale, indem Sie immer weiter mit den Fingern in den Klumpen hineindrücken und dabei den Klumpen jedes Mal drehen (Drücktechnik). Achten Sie darauf, dass am Anfang die Wände etwas dicker bleiben.*
- *Zu den Grundtechniken der Aufbaukeramik gehört das Formen mit Wülsten. Lesen Sie sich die folgende Anleitung durch:*
  - Zuerst wird der Klumpen Ton gut durchgeknetet und mehrfach aufgeschlagen. (So werden möglicherweise enthaltene Luftlöcher geschlossen und der Ton wird deutlich geschmeidiger.)
  - Aus einem Tonklumpen wird ein dicker Wulst geformt und mit der flachen Hand so lange auf dem Tisch gerollt, bis ein dünner Wulst entsteht.
  - Für den Boden des Gefäßes wird ein Tonklumpen platt gedrückt und geglättet.
  - Der Rand der Bodenplatte wird angefeuchtet und mit einem Messer rundum eingekerbt.
  - Der erste Wulst wird aufgesetzt und leicht angedrückt. Die Enden des Wulstes werden übereinandergedrückt und schräg abgeschnitten.
  - Die Oberseite des Wulstes wird für den zweiten Wulst eingekerbt und angefeuchtet. Die zweite Lage wird anschließend aufgesetzt; die Oberseite wird entsprechend vorbereitet.
  - Nach dem dritten Wulst werden die ersten Lagen sorgfältig innen und außen verstrichen: Die Wände des Gefäßes werden geglättet. Je nach Höhe und Form des Gefäßes (zylindrisch oder konisch) werden anschließend weitere Wülste aufgesetzt.
- *Formen Sie nun nach dieser Technik ein Gefäß aus Ton.*

4.1.2 Aufbaukeramik mit Platten

Arbeitsanregung

- *Eine weitere Grundtechnik der Aufbaukeramik ist das Formen mit Platten. Lesen Sie wiederum zunächst die folgende Anleitung:*

  - Zunächst müssen die Tonplatten vorbereitet werden: Entweder wird ein Tonklumpen zwischen zwei Holzleisten mit einem Nudelholz auf die vorgegebene Stärke der Leisten ausgerollt.
  - Oder aus einem Tonklumpen werden Platten gleicher Stärke mit dem Plattenschneider herausgeschnitten. Auch bei diesem Verfahren werden seitlich Holzleisten als Maß für die Stärke angelegt.
  - Die Tonplatten lassen sich gut verarbeiten, wenn sie auf einer ebenen Unterlage leicht antrocknen und lederhart werden. Es sollte darauf geachtet werden, dass Platten mit gleicher Stärke und Feuchtigkeit verwendet werden.
  - Mithilfe einer vorbereiteten Schablone werden aus den Platten die benötigten Bauteile herausgeschnitten: Beispielsweise werden für ein zylinderförmiges Gefäß eine Bodenplatte und eine Mantelfläche gebraucht.
  - Die Verbindungsfläche der Einzelteile wird mit einem Messer oder einer Gabel angeritzt und mit Schlick eingestrichen.
  - Das Mantelteil wird um eine Papprolle (Verpackungsröhre für Bilder) gewickelt. Zeitungspapier dient als Zwischenlage (Wickeltechnik).
  - Auf die angeritzte Bodenplatte wird das senkrechte Mantelteil aufgesetzt und kräftig angedrückt, damit die Nahtstellen sich gut verbinden.
  - Zusätzlich werden die Nahtstellen mit eingelegten und verstrichenen Tonröllchen verstärkt.
  - Mit einem Messer oder anderen Werkzeugen kann der Mantel bearbeitet oder verziert werden.
  - Kanten, Risse oder andere Unebenheiten an den Außenwänden werden mit einem Modellierhölzchen geglättet.
  - Nach der Fertigstellung wird das Werkstück an einen zugfreien Ort gestellt, damit das Tongefäß langsam trocknen kann. Die Pappröhre wird vorher entfernt.

Was man braucht

- *Weiß, rot oder schwarz brennenden Ton*

Werkzeuge:

- *Plattenschneider*
- *Messer, Gabel*
- *Modellierhölzchen*
- *Nudelholz*
- *Holzleisten*
- *Unterlage*
- *Zeitungspapier*
- *Pappröhre*

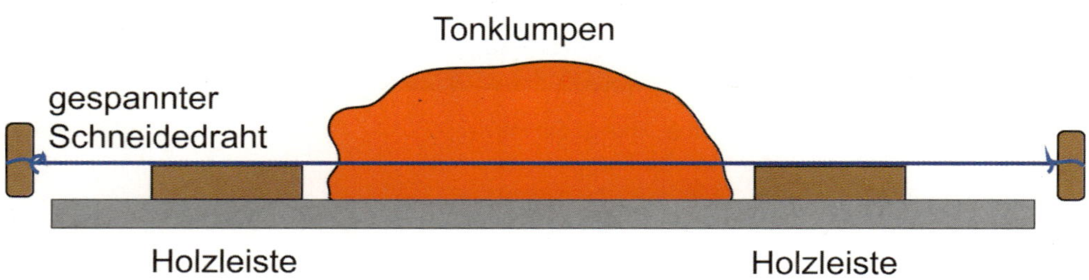

Aufbaukeramik mit Platten: *Aus einem zwischen zwei Holzleisten liegenden Tonklumpen werden mit einem Schneidedraht Platten gleicher Stärke herausgeschnitten.*

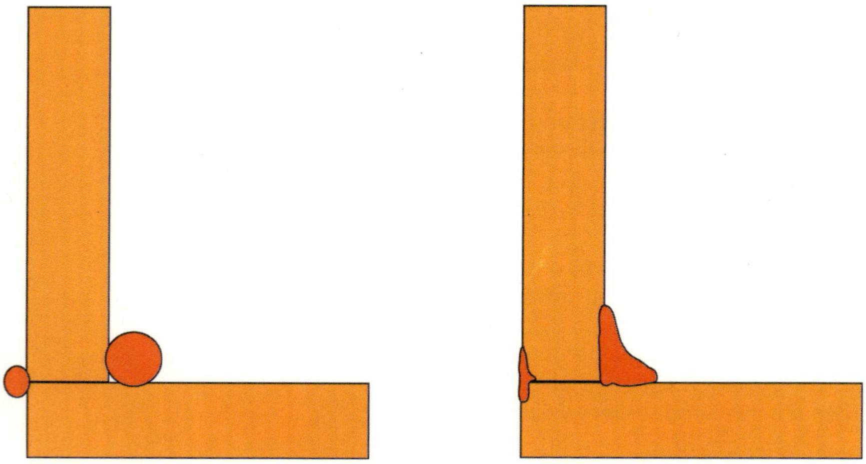

Formen mit Platten: *Das Gefäß entsteht durch das Aneinandersetzen von Tonplatten. Die Verbindungen werden zusätzlich durch eingearbeitete Tonröllchen verstärkt.*

Arbeitsanregung

- *Schneiden Sie aus einer Tonplatte eine quadratische Tonkachel heraus. Gestalten Sie diese Kachel mit unterschiedlichen geometrischen Formen zu einem abstrakten Relief.*
- *Beschäftigen Sie sich mit einer Kurzgeschichte: Interpretieren Sie die Geschichte, die Charaktere und die Handlung.*
- *Entwerfen Sie dazu einzelne Szenenbilder, die Sie als Tonrelief umsetzen können.*
- *Stellen Sie mit der oben beschriebenen Wickeltechnik Tongefäße aus Platten her und verzieren Sie die Objekte mit unterschiedlichen Mustern und Strukturen.*
- *Entwickeln Sie thematische Gefäße zur vorgestellten Plattentechnik: Minimalistisches Tongefäß mit klaren Linie, Gefäß mit bewusster Schräglage, Gefäß zum Thema „Aufbruch", Gefäß mit dekorativem Relief, Gefäß zum Thema „Wind & Wetter" usw.*

Informationen zum Thema Arbeiten mit Ton in KH, S. 90 ff.

4.1.3 Tonplastiken

Tonplastik: *Diese Plastik muss innen ausgehöhlt werden.*

Auch für die Herstellung von Tonplastiken muss der Ton gut durchgeknetet und mehrfach aufgeschlagen werden. So werden möglicherweise enthaltene Luftlöcher geschlossen und der Ton wird deutlich geschmeidiger.

Folgende Hinweise sind bei Herstellung von Tonplastiken zu beachten:

- *Wenn Plastiken Hohlräume enthalten sollen, formt man den Ton beispielsweise um zusammengeknülltes Zeitungspapier und lässt die Figur trocknen.*
- *Massive Figuren müssen von innen ausgehöhlt werden, bis eine Wandstärke von etwa 2 cm übrig bleibt. Ansonsten besteht die Gefahr, dass sie beim Brennen im Ofen zerplatzen. Man kann die Tonplastik aber auch einfach nur trocknen lassen; das Aushöhlen kann in solchen Fällen entfallen.*

Unterscheidungshilfe für zwei häufig verwendete Begriffe:
- ***Plastik – eine Plastik wird aus einem knetbaren Material, z. B. Ton oder Knetmasse, geformt.***
- ***Skulptur – eine Skulptur wird aus einem massiven Block, z. B. Stein oder Holz, Schlag für Schlag herausgearbeitet.***

Arbeitsanregung

- *Schließen Sie Ihre Augen und kneten Sie aus einem Klumpen Ton eine Plastik.*
- *Formen Sie ein Bild aus einer Tageszeitung räumlich nach – als Plastik oder Relief.*
- *Formen Sie zu den Sequenzen einer Kurzgeschichte Plastiken und stellen Sie die Figuren auf einem kleinen Bühnenbild zusammen.*
- *Bilden Sie mit Ton Alltagsgegenstände nach. Bemalen Sie nach dem Trocknen die Objekte mit auffälliger Farbe.*

Weitere Informationen zum Thema Plastiken in KH, S. 91 ff.

4.1.4 Trocknen, Brennen und Glasieren

Beachten Sie für die weitere Bearbeitung der Werkstücke aus Ton folgende Hinweise:

Werkstücke trocknen
- ***Lassen Sie fertige Arbeiten zwei bis drei Wochen langsam trocknen.***
- ***Dabei ist darauf zu achten, dass der Raum gleichmäßig belüftet wird: Es sollte kein stark beheizter oder belüfteter Raum sein, da dadurch der Trocknungsvorgang gestört werden könnte.***
- ***Die Werkstücke dürfen nicht auf der Unterlage kleben, da sich sonst Risse bilden können.***

Schrühbrand

- *Wenn die Werkstücke getrocknet sind, können sie für den ersten Brand – den Roh- oder Schrühbrand – vorsichtig und mit genügend Zwischenraum in den Brennofen gestellt werden, je nach Größe des Ofens auch auf mehrere Ebenen.*
- *Die Brenntemperatur liegt bei etwa 900 bis 1000 °C.*
- *Der Brennvorgang des Schrühens beginnt mit einer sehr langsamen Anfangsphase (Slope), damit die Restfeuchtigkeit langsam aus dem Tonobjekt entweichen kann und keine Zerstörungen angerichtet werden.*
- *Wenn die Ofenhitze ca. 600 °C erreicht hat, kann der Anstieg auf die festgelegte Brenntemperatur, die 15 Minuten gehalten wird, rascher erfolgen. Danach beginnt die Abkühlungsphase, die mehrere Stunden in Anspruch nimmt.*
- *Die ausgekühlten Tonarbeiten sind durch das Brennen geschrumpft, der Ton hat eine andere Farbe bekommen und ist durchgehärtet worden.*

Schrühbrand:
- ***Brenntemperatur: 900 bis 1000 °C***
- ***Langsame Anfangsphase (Slope) bis ca. 600 °C***
- ***15 Minuten Brenndauer bei höchster Temperatur***
- ***Langsame Abkühlung der Tonarbeiten***

Werkstücke glasieren

- *Gebrannte Tonplastiken können Sie so belassen oder mit einer Glasur versehen. Für farbige Glasuren müssen unbedingt zuvor kleine Proben auf Tonscherben gemacht werden, da das Farbpulver und die damit gebrannte Glasur einen erheblichen Farbunterschied zeigen können.*
- *Glasuren werden in verschiedenen Farben und Eigenschaften angeboten: deckend oder durchscheinend, matt, seidenmatt oder glänzend.*
- *Für die Glasur werden etwas Tonmasse, Wasser und Farbpulver zu einem dünnflüssigen Brei vermischt. Die gebrannten Tonplastiken werden dann in diese Mischung getaucht, mit einem Pinsel damit bestrichen oder auch besprüht.*
- *Danach folgt der Glasurbrand bei einer Temperatur zwischen 1040 und 1200 °C. Der Glasurbrand benötigt keine langsame Slope-Phase.*

Weitere Informationen zum Thema Arbeiten mit Ton in KH, S. 90 ff.

Hinweise:
- ***Papier im Brennofen kann zu einer starken Rauchentwicklung führen.***
- ***Der Brennofen muss so aufgestellt sein, dass für genügend Abluft gesorgt ist.***
- ***Kein brennbares Material in der Nähe des Ofens lagern!***
- ***Den Brennofen während des Brennvorgangs mehrmals kontrollieren.***

4.2 Arbeiten mit Gips

Der Werkstoff Gips ist ein vielseitig verwendbares Material, das sehr leicht durch Anrühren mit Wasser hergestellt werden kann. Man kann Gipsbrei in eine beliebige Hohlform gießen, trocknende Gipsmasse mit den Händen oder Werkzeugen verformen, aus gehärteten Gipsblöcken Skulpturen herstellen oder aus gipsgetränkten Mullbinden Masken anfertigen.

Arbeitsanregung

- *Gießen Sie Formen mit Gips aus. Gehen Sie dabei wie folgt vor: Ein Eimer (oder eine Wanne) wird mit feinem feuchten Sand gefüllt und dieser gut geglättet. Mit den Händen, Spachteln, Löffeln oder anderen Werkzeugen wird nun Sand herausgegraben.*
- *Bei dieser Arbeit muss man eine ungefähre Vorstellung haben, wie der Guss hinterher aussehen soll, da eine Negativform ausgehoben wird. Mit einem Wäschesprüher lässt sich der Sand während der Arbeit feucht halten. Sind die Vorarbeiten beendet, kann Gips (oder Feinbeton – damit wird der Guss grober und rauer) mit Wasser angerührt werden.*

Wichtig! Beim Gipsanrühren wird der Gips in das Wasser geschüttet – nie umgekehrt!

Arbeitsanregung

- *Gießen Sie eine feste Form mit Gips aus und stellen Sie daraus Gipsskulpturen her.*
- *Gute Gussformen sind dafür zum Beispiel Papprӧhren, wie sie zum Versenden von Plakaten benutzt werden. Aber auch ein fester Schuhkarton lässt sich verwenden. Der Karton muss mit Holzplatten, Kanthölzern und Schraubzwingen in eine feste Form gespannt werden, um Verformungen zu vermeiden.*
- *Dann gießen Sie den Gipsbrei langsam hinein. Die Trocknungsphase richtet sich nach der Verdünnung mit Wasser und der Dicke des Blocks. Wenn eine deutliche Wärmeentwicklung spürbar wird und die Oberfläche sich hart, aber auch noch feucht anfühlt, kann die Gussform entfernt werden.*
- *Nun können Sie mit der eigentlichen Arbeit beginnen. Mit einem einfachen Küchenmesser lässt sich der Gips fast wie Butter schneiden. Erledigen Sie alle groben Vorarbeiten, wenn der Gips noch weich ist. Je mehr der Gipsblock durchhärtet, desto so schwieriger wird das Arbeiten. Die Feinarbeiten können Sie dann mit Feilen und Schleifpapier durchführen.*

Was man braucht

- *Modelliergips (Alabastergips)*
- *Gipsbinden aus der Apotheke*
- *Wasser, ein Eimer, ein Stück Holzlatte zum Gipsanrühren*
- *Hohlformen zum Ausgießen (Schuhkartons, Pralinenschachteln*
- *Käsedosen*
- *Zigarrenkisten, Joghurtbecher, Papprӧhren, Kunststoffflaschen und Ähnliches)*
- *Sand oder Ton für einen Gipsguss*
- *Messer, Sägen, Feilen und Schleifpapiere (mit verschiedener Körnung) für die Gipsbearbeitung*
- *Zubehör: Weiche Bleistifte oder Kohlestifte zum Vorzeichnen*
- *ein Lineal, Knetradierer, Zeitungspapier als Arbeitsunterlage, ein feuchtes Tuch zum Entfernen von Gipsstaub, Reinigungsmittel (Lappen, Besen, Handfeger und Ähnliches),*
- *Arbeitskittel oder Schürzen*

Gipsskulpturen: *Die kleinen Figuren von 15 bis 22 cm Höhe wurden grob gesägt und dann mit einem Küchenmesser geschnitzt.*

Arbeitsanregung

- *Stellen Sie sich vor, dass im Eingangsbereich eines Hauses oder einer Einrichtung Skulpturen aus Gips die Besucher empfangen sollen. Sie werden beauftragt, dazu Entwürfe anzufertigen und die Gipsskulpturen schließlich auch herzustellen.*
- *Nachdem Sie eine Vorstellung entwickelt haben, werden große Papprӧhren als Gussformen besorgt, mit Gips ausgegossen und nach etwa einer halben Stunde aufgeschlitzt.*
- *Die noch etwas feuchten Gipszylinder werden zunächst grob bearbeitet. Später folgen die Feinarbeiten. Die fertigen Skulpturen werden schließlich in Gruppen zusammengestellt und am Eingangsbereich platziert.*

Abformungen und Gipsmasken

Mit Gipsbinden oder großen Gipsbandagen lassen sich direkte Körperabformungen anfertigen, um lebensgroße Skulpturen von Personen herzustellen. Die einzelnen Gipsteile werden nach dem Abformen zu einer Figur zusammengesetzt. Man kann Objekte weiß lassen oder aber farbig gestaltet in einen realen Zusammenhang integrieren.

GEORGE SEGAL *(1924–2000), amerikanischer Künstler, hat sich besonders durch seine lebensgroßen Gipsplastiken einen Namen gemacht.*

Mit Mullbinden lassen sich sehr gut Gesichtsmasken oder andere Abformungen herstellen. Vor der Arbeit wird das Gesicht eingecremt und mit dünner Plastikfolie (Schutz vor möglichen Allergien!) abgedeckt. Dann werden Stücke der Gipsbinden durch Wasser gezogen und auf das Gesicht modelliert. Für eine stabile Form braucht man etwa drei bis vier Lagen Gipsbinden.

Arbeitsanregung

- *Eine lebensgroße Figur mit der Technik des Abformens herzustellen, kann nur als kooperative Arbeit in einer Kleingruppe gelingen. Da Gips schnell abbindet, müssen Modell und Künstler Hand in Hand arbeiten, um die gemeinsame Vorstellung zu realisieren. Für eine lebensgroße Figur benötigt man zahlreiche Gipsbinden, die nicht billig sind. Deshalb ist das Vorhaben gut zu planen; auch die Finanzierung muss bedacht werden.*
- *Entwickeln Sie nach George Segal eine Figur für die Eingangshalle einer Schule. Fertigen Sie Skizzen, Fotos und Videos an, um genau zu studieren, in welcher Haltung die Figur dargestellt werden soll. Überlegen Sie für die Skulptur einen Standort.*
- *Stellen Sie mit kleinen Gipsfiguren eine Interaktion dar: Aus Draht und Gipsbinden geformte Figuren bewegen sich auf einer dünnen Holzplatte wie auf einer Bühne. Sie stehen zusammen, als würden sie sich über ein ernstes Problem austauschen. Nicht jeder soll ihr Gespräch mitbekommen.*
- *Die fertigen Gipsarbeiten wirken am besten, wenn man sie weiß belässt. Nur so wird ein interessantes Licht-Schatten-Spiel deutlich. Betrachten Sie eine weiße Gipsskulptur, die Sie hergestellt haben, in unterschiedlichen Lichtsituationen – mit seitlichem Licht usw. Beschreiben Sie die Wirkungen.*

Gipsskulpturen: *Die kleinen Figuren von 15 bis 22 cm Höhe wurden grob gesägt und dann mit einem Küchenmesser geschnitzt.*

Informationen zum Thema Arbeiten mit Gips, Herstellen von Gipsmasken in KH, S. 95 ff.

4.3 Arbeiten mit Gas- oder Blasenbeton

Ein Steinblock aus Gasbeton ist erstaunlich leicht. In der Bearbeitung lässt er sich sehr gut sägen, feilen und schleifen. Bevor Sie den Stein beispielsweise zersägen, sollten Sie genau überlegen, ob die Teile, die Sie wegnehmen möchten, auch wirklich überflüssig sind.

Was man braucht

- *Das Grundmaterial Gasbeton oder Porenbeton von verschiedenen Herstellern ist im Baumarkt erhältlich.*
- ***Werkzeuge:*** *Sägen, Messer, Feilen, Bohrer und Schleifpapiere mit verschiedener Körnung.*
- ***Zubehör:*** *Bleistifte oder Kohle zum Vorzeichnen, ein Lineal, Knetradierer*
- ***Zusätzlich:*** *Zeitungspapier als Arbeitsunterlage, Besen und Handfeger, Arbeitskittel und je nach Arbeitsweise auch Schutzbrillen.*

Blasenbeton: *Eine Skulptur entsteht.*

Blasenbeton: *Abstraktes Objekt mit Wölbungen und Tiefen.*

Arbeitsanregung

Bei der Erarbeitung einer Steinskulptur gehen Sie folgendermaßen vor:

- *Fertigen Sie zunächst ein kleines Modell aus Knet- oder Modelliermasse an. So ein Modell ist eine gute Anschauungshilfe. Weiterhin kann mit Kreide oder Kohle eine grobe Vorzeichnung (Vorderansicht, Seitenansichten, Rückenansicht) auf dem Stein gemacht werden.*
- *Wegen der kleinen Luftblasen, die den Stein vollständig durchziehen, kommt es immer wieder vor, dass feingliedrige Teile abbrechen. Daher sollte man von Anfang an großzügig arbeiten und alle Formen stark vereinfachen. Mit der Säge können Ecken und Teile problemlos abgetrennt werden. Die Feilen dienen zur weiteren Bearbeitung. Mit ihnen lassen sich Rundungen wie Wölbungen und Höhlungen herausarbeiten.*
- *Zuletzt können alle Feinarbeiten mit Schleifpapieren durchgeführt werden. Je nachdem, was Sie mit den fertigen Arbeiten beabsichtigen, können die Skulpturen so belassen oder weiter bearbeitet werden.*
- *Wenn Sie die Skulpturen nach draußen stellen möchten, sollten Sie die Objekte mit einer Imprägnierung wetterfest machen. Sie können die Arbeiten auch mit Silikatfarben bemalen.*

Berücksichtigen Sie folgende Aspekte:

- ***Zum materialgerechten Arbeiten gehört es, dass die Besonderheiten des Steins, nämlich die poröse und zum Brechen neigende Struktur des Materials berücksichtigt werden muss. Ebenso sollte die Größe des Steins möglichst ausgenutzt werden.***
- ***Da bei der Bearbeitung von Blasenbeton viel Staub entsteht, ist es ratsam, im Freien zu arbeiten, wenn kein besonderer Werkraum für Steinarbeiten zur Verfügung steht. Bei gutem Wetter kann man Tische nach draußen stellen und dort arbeiten.***

Arbeitsanregung

- *Um den Porenbetonstein kennenzulernen, bieten sich Themen wie „große Steinfrüchte" (Äpfel, Birnen, Erdbeeren usw.) an. Die fertigen Steinskulpturen können mit verdünnter Wasserfarbe bemalt werden.*
- *Der amerikanische Pop-Art-Künstler CLAES OLDENBURG hat Alltagsgegenstände überdimensional dargestellt: Telefon, Trinkdose, Bleistift usw. Der Werkstoff Porenbeton eignet sich auch gut für solche Darstellungen.*
- *Freie Formen: Sehen Sie sich Plastiken von HENRY MOORE an, machen Sie zunächst mit dem Bleistift Skizzen (abstrakte Skulpturen mit runden und eckigen Formen), übertragen Sie Ihre Vorzeichnungen auf einen Porenbetonstein und arbeiten Sie die vorgezeichnete Struktur heraus. Überlegen Sie eine geeignete Farbgebung für Ihre Arbeit.*

CLAES OLDENBURG (geb. 1929) wird neben **ANDY WARHOL** (1928–1987) und **ROY LICHTENSTEIN** (1923–1997) als einer der wichtigsten Künstler der amerikanischen Pop-Art angesehen.
HENRY MOORE (1898–1986) war ein englischer Bildhauer und Zeichner.

Informationen zum Thema Arbeiten mit Stein in KH, S. 101 ff.

4.4 Mosaik

Mosaik: *Die Mosaiksteine werden mit einem Spezialkleber auf eine Holzplatte geklebt und anschließend verfugt.*

Die Kunst des Mosaiklegens hat eine sehr lange Tradition. Etwa 3000 v. Chr. entstand das erste Mosaik in Uruk (im südlichen Irak). Säulen und Tempelfassaden wurden mit Mosaiken geschmückt. Heute dient das Mosaik in privaten oder öffentlichen Gebäuden immer noch als reizvoller Wand- oder Bodenschmuck. Viele Künstler haben diese Technik in ihr Werk aufgenommen.

Arbeitsanregung

Für Ihr erstes Mosaik sollten Sie als Vorgehensweise das Direktsetzen im Aufklebeverfahren wählen:

- *Schneiden Sie eine Holzplatte in der Größe von etwa 25 x 25 cm zu.*
- *Bereiten Sie Mosaiksteine in unterschiedlichen Farben vor.*
  - Entweder können Sie kleine Fliesen in verschiedenen Farben einsetzen oder Wandfliesen selbst mit einem Fliesenschneider in Streifen und dann in kleine Plättchen zerschneiden.
  - Für unregelmäßige Mosaike kann man aus Fliesen auch unregelmäßig große Scherben herstellen.
- *Sie können Ihren Entwurf mit dem Bleistift auf einem Zeichenblatt skizzieren und auf die Holzplatte übertragen.*
- *Sie können aber auch frei arbeiten und die Mosaiksteine direkt in der gewünschten Anordnung auf die Holzplatte legen.*
- *Kleben Sie anschließend das Mosaik mit einem Spezialkleber auf und gleichen Sie unterschiedliche Höhenlagen aus.*
- *Gießen Sie anschließend Fugenmörtel (weiß, grau oder schwarz) über das fertig aufgeklebte Mosaik und verteilen Sie die Masse gleichmäßig auf der Fläche.*
- *Wenn der Fugenmörtel abgebunden ist, muss die Mosaikfläche sofort ausgewischt werden. Alle Fugen sollen nun gleichmäßig gefüllt sein und auf der Fläche sollen keine Mörtelreste zurückbleiben.*

Arbeitsanregung

- *Als Vorlage für ein Mosaik kann auch ein expressionistisches Bild dienen: Entwickeln Sie aus der Bildvorlage ein Mosaik und realisieren Sie den Entwurf auf einer Holzplatte.*
- *Fotografieren Sie unterschiedliche Raumsituationen und skizzieren Sie verschiedene Wandmosaike, die Sie mithilfe des PC in die Abbildungen hineinmontieren.*

Was man braucht

- *Holzplatte als Trägerplatte*
- *Spezialkleber*
- *Fliesen, Kacheln*
- *Weißen, grauen oder schwarzen Fugenmörtel*

Werkzeuge

- *Fliesenschneider*
- *Fliesenzange*
- *Fliesenhammer*
- *Spachtel, Gummibecher für den Fugenmörtel*
- *Gummispachtel*
- *Schwamm*
- *Lineal, Bleistifte*

4.4.1 Glasmosaik

Die Herstellung eines Glasmosaiks ist mit der Herstellung eines Mosaiks aus Keramiksteinen vergleichbar. Allerdings ist das Glasmosaik eher eine Collage von Glas auf Glas. Die Gesamtgröße sollte etwa bei 30 cm x 40 cm (oder größer) liegen, da das Schneiden von sehr kleinen Glasstücken Probleme machen würde. Das fertige Glasmosaik kann beispielsweise mit Winkelhaken vor einem Fenster befestigt werden.

Arbeitsanregung

- *Stellen Sie zunächst eine großzügige Entwurfszeichnung her. Kleine Formen, Rundungen oder sogar Kreise sollten vermieden werden. Der Entwurf sollte aus Flächen bestehen, zwischen denen ein Abstand von etwa 5 mm besteht.*
- *Den fertigen Entwurf kleben Sie nun mit Klebeband unter eine Klarglasscheibe. Nun beginnt das Zuschneiden der farbigen Glasreste. Mit dem Glasschneider werden die Glasstücke kräftig angeritzt und über einem Hölzchen gebrochen. Da die Entwurfszeichnung unter der Glasscheibe liegt, kann gut kontrolliert werden, ob die zugeschnittenen Stücke die richtige Form haben und genau in den Entwurf passen.*
- *Kleben Sie danach mit einem speziellen Glaskleber die Glasstückchen auf und kontrollieren Sie die Gesamtwirkung des Glasmosaiks.*
- *Als Nächstes werden die Abstände zwischen den Glasstücken mit normalem Fensterkitt gefüllt. Sie können den Fensterkitt zuvor mit Pulverfarbe, z. B. Dunkelbraun oder Schwarz, vermengen und durchkneten.*
- *Der dunkel eingefärbte Kitt wird zu langen dünnen Würsten gerollt und mit den Fingern in die Vertiefungen zwischen den Glasstücken gedrückt und geglättet.*

Was man braucht

- *Farbige Glasstücke (Reste aus Glas verarbeitenden Betrieben)*
- *Glasscheiben (Klarglas)*
- *Fensterkitt*
- *Pulverfarbe, Glasmalfarben*
- *Glaskleber*
- *Werkzeuge: Glasschneider, Pinsel*
- *Zubehör: Bleistifte, Radiergummi, Lineal, Transparentpapier, Klebeband*

Arbeitsanregung

- *Ein weiteres Thema wäre „Ein Blattmosaik aus Glas": Übersetzen Sie eine Collage aus gesammelten und aufgeklebten Blättern in ein Glasmosaik. Orientieren Sie sich an der oben beschriebenen Arbeitsweise. Berücksichtigen Sie, dass alle Formen großzügig vereinfacht und alle gebogenen Linien mit dem Lineal in gerade Linien umgewandelt werden müssen.*
- *Welche Künstler haben sich mit dem Thema Mosaik in ihrem Werk beschäftigt? Recherchieren Sie in Kunstlexika oder im Internet. Ein Stichwort: Richter-Fenster im Kölner Dom.*

4.5 Mit Metall arbeiten

Drahtkarussell in Bewegung: *Alle Einzelteile sind aus einem dünnen Aluminiumdraht gebogen worden.*

4.5.1 Draht biegen

Drahtarbeiten sind wie eine Zeichnung im Raum, Volumen werden lediglich angezeigt. Aus Draht können auch räumliche Gebilde oder Raumkonstruktionen entworfen werden, die mit dünnem Papier, Folien oder auch Gipsbinden ergänzt werden, um das Volumen zu betonen. Beginnen sollte man allerdings mit dem sehr biegsamen Aluminiumdraht, der sich spielend mit den bloßen Händen in die gewünschte Form bringen lässt. Fehler können leicht korrigiert werden. Es bleibt kein Knick zurück.

Was man braucht

- *Aluminiumdraht (1 mm)*
- *Kupfer-/Messingdraht*
- *Bindedraht (Eisendraht)*
- *Stahldraht*
- *Kleine Kanthölzer*
- *Nägel*

Werkzeuge:

- *Flachzange*
- *Rund- und Spitzzange*
- *Seitenschneider*
- *Hammer*

Arbeitsanregung

- *Porträts können mit dem Bleistift gezeichnet, aber auch aus Draht gebogen werden. Fertigen Sie verschiedene Bleistiftporträts aus mehreren Perspektiven an. Achten Sie darauf, dass die Zeichnung besonders linear ausfällt.*
- *Übersetzen Sie diese Linienzeichnungen in eine „Drahtzeichnung" und versuchen Sie, zwei oder drei Perspektiven der Einzelzeichnungen in einem Drahtporträt zu kombinieren.*
- *Montieren Sie anschließend Ihr Drahtporträt auf einen Sockel. Ein Stückchen Kantholz eignet sich gut dafür.*

4.5.2 Blech schneiden

Dünne Bleche können ebenso wie Papier geschnitten werden. Eine wichtige Erfahrung dabei ist, dass Bleche wie Papier eine Laufrichtung, also eine Walzrichtung haben. Entgegen dieser Laufrichtung lassen sich Bleche schwerer biegen. Sehr dünne Bleche kann man auch mit einer alten Papierschere schneiden. Ansonsten verwendet man dafür eine Blechschere.

Beim Drücken oder Prägen (auch Treibziselieren oder Punzieren genannt) werden plastische Formen durch Schlagen aus einer Metallfolie herausgearbeitet (herausgetrieben). Das Material wird so verformt, dass die Bildmotive aus der Fläche des Metalls reliefartig hervortreten. Als Werkstoff wird ein dünnes (0,2 bis 0,8 mm Stärke) Aluminium-, Messing- oder Kupferblech verwendet.

Was man braucht

- *Dünne Bleche aus Aluminium, Messing oder Kupfer (Stärke: 0,2–0,8 mm)*
- *Blechschere oder eine alte Papierschere*
- *Prägewerkzeuge*
- *Harthölzer*
- *Dübelhölzer*
- *Nägel*
- *Punzen*

Werkzeuge:

- *Flachzange*
- *Rund- und Spitzzange*
- *Seitenschneider*
- *Hammer*

Arbeitsanregung

- *Wählen Sie ein Bilderbuch aus oder denken Sie sich selbst eine Geschichte aus und setzen Sie die Bildmotive des Buches als Prägebilder in Metallfolien um. Versuchen Sie, die Geschichte besonders durch die Prägeflächen zu erzählen und zu interpretieren.*
- *Schneiden Sie mithilfe einer Blechschere das gewünschte Bildformat zu (Vorsicht: Schnittkanten!).*
- *Legen Sie eine Lage Zeitungspapier unter das Blech und beginnen Sie mit der Arbeit.*
- *Als Prägeinstrumente (Punzen) benötigen Sie Hartholzreste, Dübelhölzer oder Nägel mit abgerundeten Spitzen. Zum Lochen können Nägel oder Vorstecher verwendet werden. Zum Schlagen wird ein einfacher Schlosserhammer (200 g) verwendet.*
- *Um die fertigen Metallarbeiten hervorzuheben, können Sie anschließend die einzelnen Bildmotive auf vorbereitete Holzplatten montieren.*

Metallprägung: *Eine dünne Metallfolie ist durch Drücken, Prägen und Lochen bearbeitet worden. Dünne Rundhölzer oder Bleistifte können dazu als Werkzeuge verwendet werden.*

Informationen zum Thema Löten in KH, S. 118.

Metallsorten und ihre Eigenschaften:

- **Kupfer** ist gut dehnbar und wird auch in Form dünner Folien angeboten. Kupfer bildet nach einiger Zeit eine grüne Patina.
- **Messing** ist eine Legierung aus Kupfer und Zink; ein gern benutztes Metall für Treibarbeiten.
- **Zink** wird bei Klempnerarbeiten verwendet, z. B. Dachrinnen. Zink lässt sich gut löten.
- **Zinn** hat einen niedrigen Schmelzpunkt (232 °C) und ist besonders für Gießarbeiten geeignet. Beim Warmlöten wird es als Lot verwendet (Lötzinn).
- **Aluminium** ist ein besonders leichtes und korrosionsbeständiges Metall. Es lässt sich leicht verformen, aber nicht für Lötverbindungen verwenden.
- **Eisen** kommt als Schmiedeeisen oder Stahl vor. Aus Baustahl sind Bleche, Drähte, Nieten und Schrauben. Aus festerem Stahl werden Werkzeuge (Bohrer usw.) hergestellt.

4.5.3 Fantasieobjekte: Mit Metallresten experimentieren

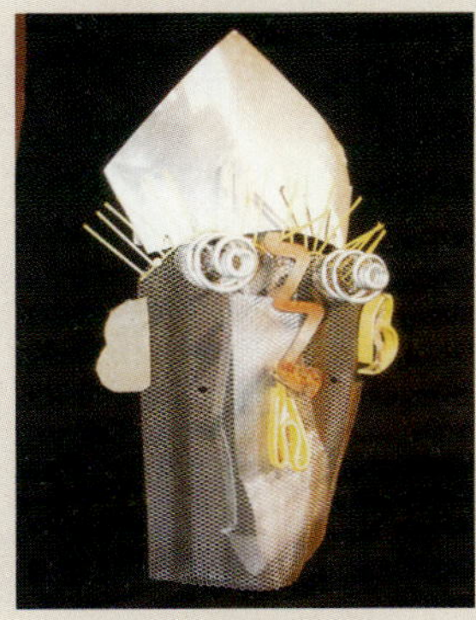

Der „metallische Bischof"

- *Besuchen Sie einen Wertstoffhof und gehen Sie (angemeldet und in Absprache mit den Mitarbeitern) über das Gelände.*
- *Sie finden dort Bleche, Dosen, Reststücke aus industrieller Produktion, zerbeulte Metallgefäße oder massenweise auch Kronkorken. Was hier als Wertstoff aufbewahrt wird, kann für die künstlerische Produktion auch der Rohstoff für neue fantasievolle Objekte aus Metall sein.*
- *Sammeln Sie unterschiedliche Stücke und wählen sie am Ende des Rundgangs aus, welche Bleche sie für die Weiterverarbeitung benötigen.*
- *Gemäß dem Slogan „Ich war eine Dose" lassen sich aus diesen Restbeständen neue Gebilde kombinieren; Voraussetzung für diesen kreativen Arbeitsprozess ist nicht nur das Glück, im richtigen Augenblick auch das geeignete Stückchen Metall zu finden, sondern auch Fantasie und die Idee für ein neues Objekt.*
- *Welches Metall verwendet wird, welche Verbindungsart – Löten, Schrauben oder Kleben – gewählt wird, hängt von der jeweiligen Intention ab.*
- *Arbeiten Sie in Ihrer Werkstatt mit den Fundstücken und probieren Sie die unterschiedlichsten Kombinationen aus, bevor Sie abschließend Ihr Objekt realisieren.*

Informationen zum Thema Objekte in KH, S. 160, Metallobjekte aus Fundsachen in KH, S. 119.

4.5.4 Tuckerboote

***Tuckerboote:** „Puff-Paff-Boote", Knatterboote" oder „Tuckerboote" nennt man kleine Schiffchen, die mithilfe einer einfachen Energiequelle und eines Wasserimpulsmotors angetrieben über das Wasser tuckern.*

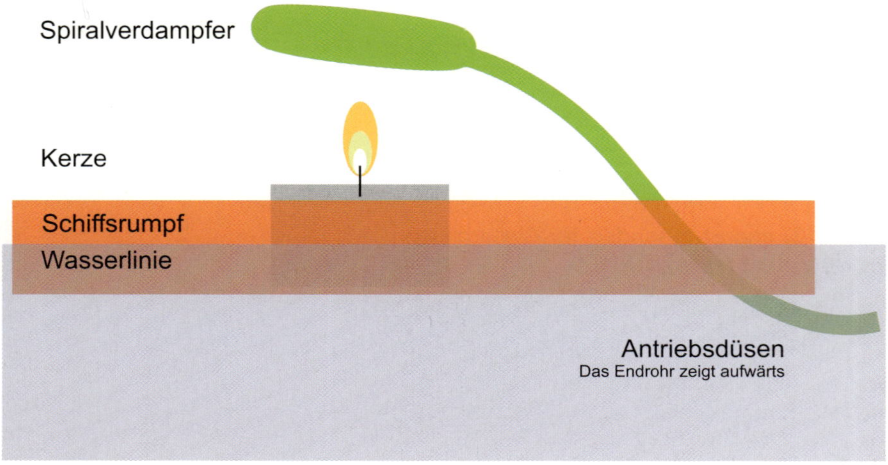

***Funktionszeichnung** des Tuckerbootes*

Wie funktionieren Tucker- oder Impulsboote? Durch die beiden Rohre wird kaltes Wasser in das Rohrsystem eingeführt und anschließend das Boot zu Wasser gelassen. Danach erhitzt die Kerze unter dem Rohrsystem das Wasser, das dann impulsartig ausgestoßen wird. Dadurch wird das Boot in Fahrtrichtung vorangetrieben. Durch das im Rohrsystem so entstandene Vakuum wird erneut kaltes Wasser aus mehreren Richtungen eingeführt und dadurch ein geringer Impuls entgegen der Fahrtrichtung ausgeübt. Da der Ausstoß des heißen Wassers aber zielgerichteter und stärker ist, bewegt sich das Tuckerboot trotzdem immer in Fahrtrichtung. Die Rhythmik und die ständige Wiederholung des Vorgangs bewirkt die tuckernde Bewegung des Schiffchens.

Arbeitsanregung

Bauen Sie aus einfachen Materialien ein Tuckerboot; gehen Sie folgendermaßen vor:

- *Das Messingrohr wird vorsichtig mehrmals um ein 1,5 cm starkes Rundholz gewickelt. Die beiden Enden des Rohres weisen am Ende dieses Vorgangs in die gleiche Richtung.*
- *Durch zwei kleine Löcher werden die beiden Enden des Rohrsystems durch die Unterseite des Schiffchens hinausgeführt. Die Durchgänge werden mit Kraftkleber abgedichtet.*
- *Ein Blech als Wärmeisolierung wird auf das Rohrsystem aufgelötet.*
- *Eine Halterung für das Teelicht (aus Styroporstreifen) wird in das Boot geklebt.*
- *Erhöhen Sie die Geschwindigkeit des Schiffchens: Bauen Sie ein Tuckerboot mit zwei Impulsantrieben. Wie muss ein solches Schiffchen konstruiert werden?*
- *Geben Sie ihrem Tuckerboot einen eigenen Charakter durch einen Sprühfarbenstrich.*

Was man braucht

- *Flache Fischkonserve*
- *Messingrohr (Ø 5 mm)*
- *Kleines Messingblech*
- *Kraftkleber*
- *Dünne Styroporstreifen*
- *Kerze (Teelicht)*
- *Sprühlack*

Werkzeuge:

- *Rundholz (Ø 1,5 cm)*
- *Lötkolben (→3.3.3)*
- *Schere*

4.6 Arbeiten mit Holz

***Experimentelles Arbeiten mit Holz:** Fantasiewesen aus Rinde und Baumscheibe*

Den Werkstoff Holz erobert man sich am besten spielerisch – mit einfachen, kurzfristig ausgeführten Arbeiten, die keine umfassenden Vorkenntnisse erfordern.

Arbeitsanregung

- *Da das Gestalten mit dem Material Holz immer mit einfachen Tätigkeiten beginnt und darauf aufbauend zum Schwierigeren fortschreitet, orientieren sich deshalb kreative Gestaltungsaufgeben mit Holz zunächst entsprechend an der Herstellung von überschaubaren Objekten und Figuren.*
- *Bearbeiten Sie Baumscheiben, Treibholz oder knorrige Äste, glätten Sie bestimmte Bereiche der Holzfunde und kombinieren Sie schließlich die gefundenen Teile so miteinander, dass kleine Skulpturen entstehen, die Sie auf einem kleinen Sockel präsentieren können.*
- *Holzskulpturen können Sie auch aus Fundstücken vom Strand herstellen: Die Holzreste und anderen Materialien werden geklebt, genagelt und bemalt.*

Man unterscheidet:

- **Weichhölzer:** Tanne (hell, splittert und spaltet leicht), Kiefer (hell, gelb bis rötlich, lebendige Maserung), Linde (hell, wenig Maserung), Pappel (sehr hell, leicht, fast keine Maserung).
- **Harthölzer** (aufgrund der hohen Festigkeit für die Bearbeitung mit Kindern nicht geeignet): Buche (rötlich, wenig Maserung, besonders stabil), Eiche (gelblich, sehr fest), Esche (wird nur im professionellen Bereich angeboten), Ahorn (hell, splittert kaum, wenig Maserung).
- **Holzplatten:** Tischlerplatten (in verschiedenen Stärken), Sperrholz (in verschiedenen Stärken, dünne Furniere werden übereinandergeleimt), Hartfaserplatte (dünne, etwa 5 mm starke Platte, die einseitig geglättet ist, Verwendung: Rückseite von Bilderrahmen).

Vorsicht! Bei allen Holzarbeiten ist immer auch an die eigene Sicherheit und die der anderen zu denken.

Werkzeuge

- *Sägen (Laubsäge, Feinsäge und Fuchsschwanz)*
- *Schwingschleifer*
- *Schmirgelpapier*
- *Farbe*
- *Pinsel*
- *Schraubendreher*
- *Bohrmaschine*

Arbeitsanregung

- *Die experimentelle Phase des Arbeitens mit Holz können Sie mit diesen Themen fortsetzen:*
  - ***Kreative Flugkörper:** Arrangieren Sie aus Holzresten, die Sie aus Tischlereien bekommen können, Fantasieflugkörper und bemalen Sie entstandenen Gebilde anschließend.*
  - ***Ein Floß** mit Segel wird aus Treibholz oder dünnen Ästen hergestellt.*

4.6.1 Konstruktive Holzarbeit

Beispiel Windrad

Die Arbeitsaufgabe umfasst folgende Arbeitsschritte:

Arbeitsanregung

- *Zunächst werden die Einzelteile des Windpropellers zugeschnitten: die Kanthölzer für den Flügelträger und für den drehbaren Balken, die Propellerflügel und die Windfahne aus Sperrholz.*
- *Danach werden diagonale Schlitze in der Stärke des Sperrholzes mit der Feinsäge in das Kantholz für den Flügelträger eingeschnitten; anschließend wird in dieses Kantholz mittig ein Loch gebohrt. Das Kantholz für den Balken wird an der einen Seite für die Windfahne in Sperrholzstärke eingeschnitten.*
- *Alle Teile werden geschmirgelt, mit Farbe gestaltet oder mit Wachs behandelt.*
- *Die Windfahne wird in den Kantholzbalken eingeleimt. Ebenso werden die Propellerflügel in die Schlitze des Flügelträgers eingeleimt.*
- *Mit Schrauben und Unterlegscheiben werden die Einzelteile (vgl. Konstruktionszeichnung) zusammengebaut: Der Propeller wird mit einer Unterlegscheibe und einer Holzschraube drehbar am Mittelbalken befestigt.*
- *Anschließend wird das Gleichgewicht des Windpropellers ermittelt, der Mittelbalken angebohrt und wiederum mit einer Unterlegscheibe und einer Schraube drehbar auf dem Rundholz befestigt.*

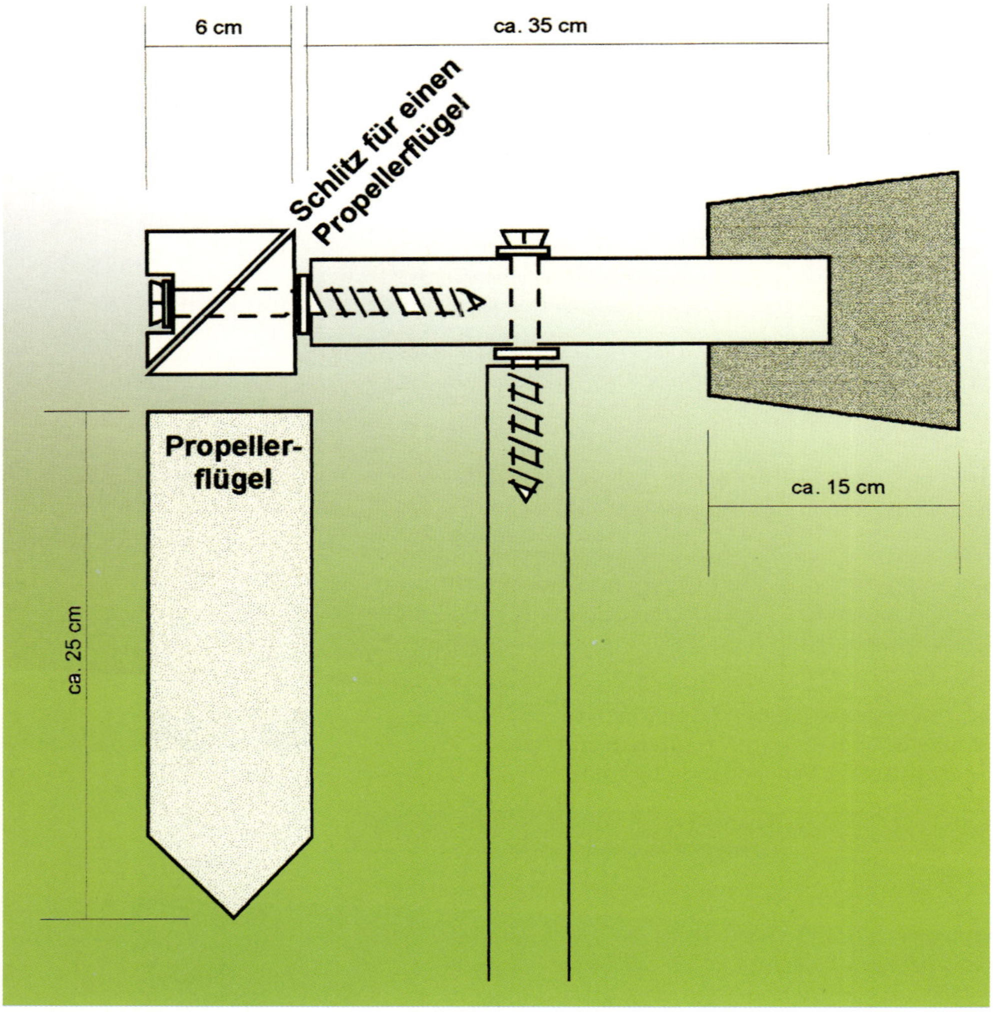

Windrad: *Die Konstruktionszeichnung zeigt die Bauanleitung des Windrades.*

Das fertige Windrad in Bewegung

Informationen zum Thema Holzarbeit in KH, S. 118.

Was man braucht

Material:

- *Kantholz 50 x 30 x 350 mm*
- *Kantholz 60 x 60 x 60 mm*
- *Rundholz Ø 25 mm, Länge:2500 mm*
- *Sperrholz: Stärke 0,8 mm*
- *Holzschrauben*
- *Unterlegscheiben*
- *Acryllack (farblos und verschiedene Farben)*

Werkzeuge:

- *Sägen (Laubsäge, Feinsäge und Stichsäge)*
- *Schwingschleifer*
- *Pinsel*
- *Schraubendreher*
- *Bohrmaschine*

4.6.2 Holzmobile

Laubsägearbeiten aus Sperrholz gehören zu den elementaren handwerklichen Techniken und sind relativ einfach und schnell zu realisieren.

Beispiel für eine Sperrholzarbeit: *Ein Farbmobile aus dünnen Sperrholzplatten*

Arbeitsanregung

- *Realisieren Sie ein Farbmobile nach dem in der Abbildung vorgestellten Beispiel.*
- *Ändern Sie die Farbgebung oder variieren Sie die Grundform der einzelnen Schwingen des Mobiles.*
- *Für das Farbmobile verwenden Sie 6-mm-Sperrholz.*
- *Beachten Sie die folgenden Arbeitsschritte beim Zuschneiden der Sperrholzplatten:*
  - *Das Motiv wird entweder mit dem Bleistift direkt auf die Sperrholzplatte gezeichnet oder mit einem Kohlepapier spiegelverkehrt übertragen.*
  - *Beim Einspannen des Sägeblattes in den Laubsägebügel ist darauf zu achten, dass die Zähne des Sägeblattes in die richtige Richtung zeigen.*
  - *Um das Motiv auszuschneiden, wird die Sperrholzplatte auf den Sägetisch gelegt, damit die Arbeit präzise verlaufen kann und die Verletzungsgefahr durch Verrutschen verhindert wird.*
  - *Um die Laubsäge beim Sägevorgang senkrecht führen zu können, ist auf eine bequeme Sitzhaltung in entsprechender Höhe zu achten (Höhe des Stuhls einstellen).*
  - *Das Sägen erfolgt dann möglichst gleichmäßig und nicht ruckartig. Die freie Hand sichert die Holzplatte, die auf dem Sägetisch aufliegt, mit der anderen wird die Säge leicht und ohne zu hohen Kraftaufwand in der Schnittlinie geführt.*
  - *Die Kanten der ausgeschnittenen Sperrholzteile werden mit einem feinen Schmirgelpapier geglättet und bei Bedarf mit Farbe bemalt.*
  - *Nach dem Ausschneiden der Schwingen müssen Löcher für die Verbindungen der Einzelteile in die Einzelteile gebohrt werden. Dazu müssen Sie die Position der Bohrlöcher individuell justieren.*
  - *Verbinden Sie die Mobileschwingen mit dünnen Kunststofffäden.*

Was man braucht

Material:
- *Sperrholz in den Stärken 4, 6, 8 und 10 mm*
- *Zeichenpapier für Entwürfe, Bleistifte*
- *Kohlepapier für die Übertragung des Entwurfs auf die Sperrholzplatte*
- *Farbe, Pinsel*
- *Farblosen Lack*

Werkzeuge:
- *Laubsäge mit Sägeblättern in mehreren Stärken*
- *Sägehilfe mit Befestigungszwinge*
- *Drillbohrer*

4.6.3 Kleine Musikinstrumente

Beispiele und Anregungen

Stabkastagnetten

- *Sägen Sie von zwei der drei Holzkellen den Stiel ab.*
- *Bohren Sie in alle drei Kellenköpfe oberhalb des Stieles auf gleicher Höhe zwei Löcher, die groß genug für die Schnur sind.*
- *Binden Sie nun alle drei Teile locker zusammen und probieren Sie die Kastagnette aus.*

Was man braucht

- *3 Holzkellen (pro Kastagnette)*
- *Dünne Schnur*

Stabrassel

- *Bohren Sie in alle Büchsendeckel feine Löcher.*
- *Befestigen Sie locker an vier Positionen auf der Leiste jeweils drei Deckel zusammen mit einer Rundschraube.*
- *Achten Sie darauf, dass die Rundschrauben versetzt in die Leiste eingedreht werden.*

Was man braucht

- *12 Konservendosendeckel*
- *4 Rundschrauben*
- *Holzleiste 35 cm lang, 20 x 30 mm*

Kellenschellen

- *An gewünschten Stellen werden in die Holzkellen kleine Löcher gebohrt.*
- *Die Kellen können farbig gestaltet werden.*
- *Mit feinem Draht werden die Schellen an den Kellen locker befestigt.*

Was man braucht

- *Verschiedene Holzkellen*
- *Verschieden große Schellen*
- *Feinen Draht*

4.6.4 Doppelpendel

Die Bewegung eines einfachen Pendels ist überschaubar. Wie bewegt sich aber ein Pendel, wenn an den Arm ein weiteres Pendel gehängt wird? Die Bewegungen dieser Konstruktion sind nur begrenzt vorhersehbar. Minimale Abweichungen beeinflussen das weitere Verhalten des Pendels: Die Bewegungsabläufe sind nach kurzer Zeit nicht mehr kalkulierbar, weshalb Chaostheoretiker das Doppelpendel auch gern als Modell einsetzen, um unregelmäßige Bewegungsabläufe zu studieren.

Arbeitsanregung

- *Realisieren Sie das Doppelpendel nach der unten beschriebenen Bauanleitung.*
- *Entwerfen Sie ausgehend von dem Grundmodell des Doppelpendels weitere Variationsmöglichkeiten: Verändern Sie beispielsweise die Größe und Farbe der Pendelelemente.*
- *Gestalten Sie die Pendelelemente mit Neonfarbe und experimentieren Sie mit dem Doppelpendel im Schwarzlichtraum*.*

Bauanleitung

- Die Pendelelemente werden aus Sperrholz (6 mm) mit einer Laubsäge zugeschnitten, mit Schmirgelpapier geglättet und mit Farbe bemalt.
- In die oberen Seiten der Pendelelemente werden dünne Löcher gebohrt.
- Durch diese Bohrlöcher werden zur Befestigung der Führungsröhrchen Kabelbinder geführt und mit den Röhrchen verknotet.
- Das Pendelgewicht wird verschraubt.
- Die Haltestange wird in die Führungsröhrchen eingeschoben, ebenso die Distanzscheibchen und die Haltesicherungen.
- Die Lagerstange wird durch das Führungsröhrchen des kleinen Pendels geschoben. Distanzscheiben werden auf die Lagerstange gesteckt.
- Schließlich wird die Lagerstange mit Kabelbindern am Gabelpendel befestigt.

Was man braucht

Material:
- *Sperrholz 6 mm Stärke*
- *Rundhölzer Ø 5 mm*
- *3 Röhrchen*
- *Schraube*
- *10 Distanzscheiben*
- *2 Schraubsicherungen*
- *Kabelbinder*
- *Farbe*

Werkzeuge:
- *Laubsäge*
- *Bohrer (4 mm)*
- *Schmirgelpapier zum Glätten der Pendelelemente*
- *Pinsel*

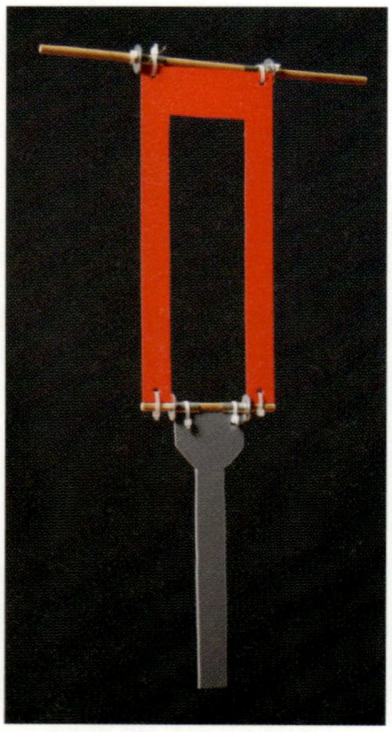

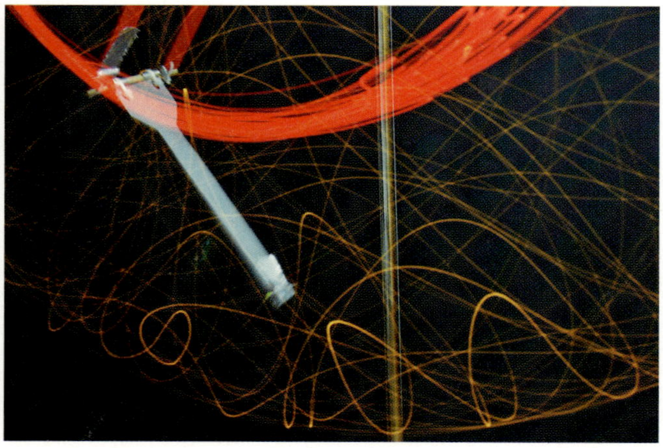

***Doppelpendel** (links): Oberes und unteres Pendel in Ruhelage (links)*
***Doppelpendel in Bewegung** (rechts): Die Langzeitbelichtung des Fotos macht deutlich, dass im Gegensatz zum oberen Pendel (rote Lichtspuren) die Bewegungsabläufe des unteren Pendels (gelbe Lichtspuren) nach kurzer Zeit unvorhersehbar (chaotisch) verlaufen.*

* *Das Schwarzlichttheater arbeitet mit ultraviolettem Licht in einem dunklen Raum. Dabei werden ausschließlich weiße oder neonfarbige Gegenstände sichtbar.*

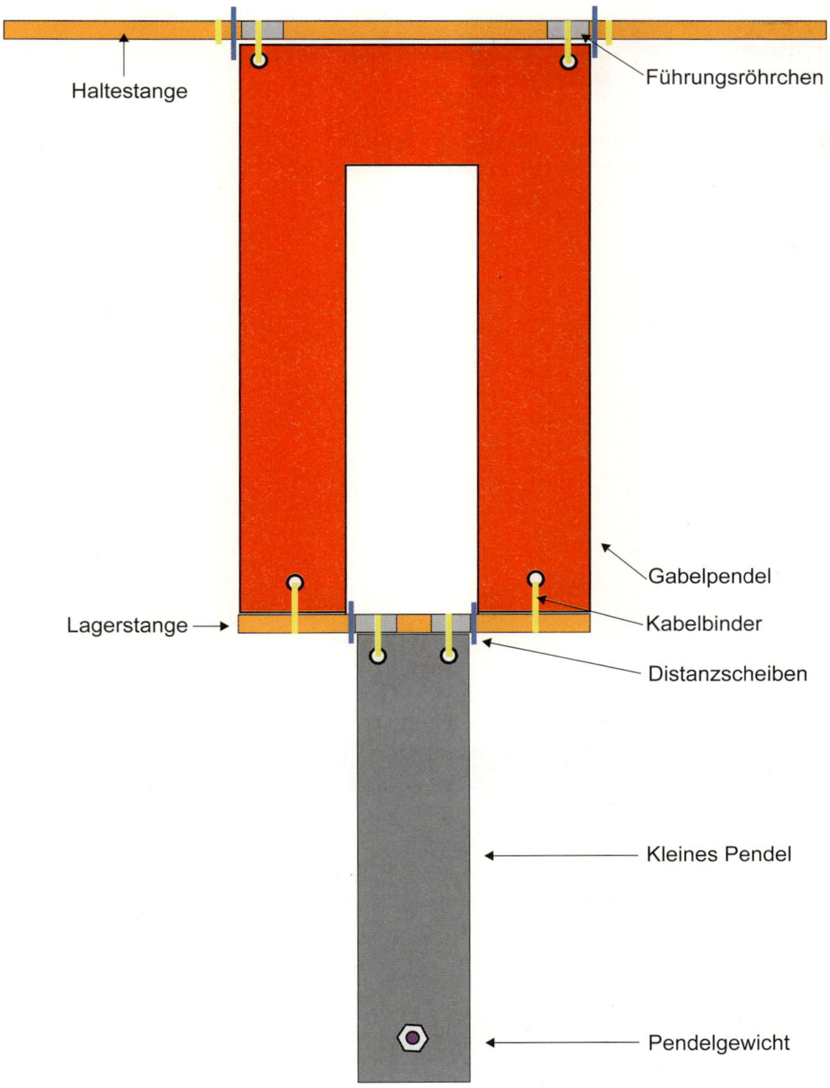

Doppelpendel:
Konstruktionszeichnung

4.7 Objekte

Künstler verwenden für die Herstellung künstlerischer Objekte häufig Alltagsgegenstände – beispielsweise einen serienmäßig hergestellten Flaschentrockner, eine Schneeschaufel oder einen Fahrradsattel –, die bis zu ihrer Verwandlung in ein Kunstobjekt in ihrer ursprünglichen Funktion benutzt worden sind. Durch die künstlerische Bearbeitung – leichte Veränderung, Hinzufügung eines Titels usw. – wird die ursprüngliche, funktionale Bedeutung der Gegenstände in eine symbolische verändert. Man kann auch sagen, die Gegenstände werden verfremdet.

***Die Verfremdung** eines Gegenstandes entsteht durch*

- ***Assoziation:** Verknüpfung von entgegengesetzten Materialien*
- ***Steigerung:** Überhöhung von Bedeutungen*
- ***Hinzufügung:** Umfunktionierung von Dingen*
- ***Destruktion:** Zerstörung und Herauslösen von Materialteilen*
- ***Umdeutung:** Erzeugung eines neuen Zusammenhangs*
- ***Ironisierung:** Darstellung in einem anderen Material*

Informationen zum Thema Objektkunst in KH, S. 160 ff.

*Der französische Künstler **MARCEL DUCHAMP** (1887–1968) produzierte zu seiner Zeit als erster Künstler Objektkunst. Er schuf sogenannte Ready-mades (= gebrauchsfertig, Konfektionsware), die er aus serienmäßig hergestellten Alltagsgegenständen herstellte. Meistens veränderte er diese Haushaltsartikel nur wenig oder gar nicht, gab ihnen einen bedeutungsvollen Titel und erklärte sie als Ausstellungsobjekt zum Kunstwerk. Durch diese Verfremdung wird der Gegenstand in seiner Funktion unsinnig.*

4.7.1 Kombinatorik: Objekte im Wortsinn

Der Künstler **TIMM ULRICHS** arbeitet gern mit Paradoxien und Mehrdeutigkeiten der Sprache. Ein Beispiel: Mit seiner Arbeit „Wolf im Schafpelz – Schaf im Wolfsfell" nimmt Ulrichs die Metapher vom Wolf im Schafspelz wörtlich. Das Objekt präsentiert einen präparierten Wolf und ein präpariertes Schaf, die das Fell getauscht haben. Welchen Sinn hat diese Umkehrung?

Arbeitsanregung

- *Erfinden und inszenieren Sie künstlerische Objekte mit sprachlichen Mehrdeutigkeiten.*
- *Verbinden Sie dabei die gegensätzlichen Bedeutungsebenen und bilden Sie die Begriffe wörtlich ab. Für diesen kreativen Vorgang ist es wichtig, dass Sie sich zunächst mit den Sprachbildern auseinandersetzen und dann die Absurdität der Darstellung probieren.*

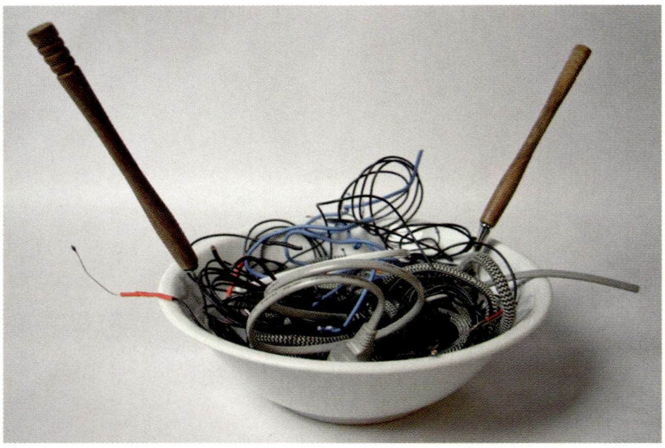

Kabelsalat: *Die Inszenierung dieses Objektes verbindet zwei unterschiedliche Bedeutungsebenen und bildet die Synthese ab.*

TIMM ULRICHS *(geb. 1940 in Berlin), emeritierter Professor für Bildhauerei, arbeitet als Konzeptkünstler („Totalkünstler") mit unterschiedlichen Medien.*

Arbeitsanregung

- *Suchen Sie verschiedene Sprachbilder und testen Sie den Wortgehalt. Zum Beispiel: Apfeltasche, Wolkenkuckucksheim, Wetterhäuschen, Bücherwurm usw.*
- *Überlegen Sie, wie Sie die gefundenen Sprachbilder als Objekt darstellen könnten. Fertigen Sie als Hilfe Skizzen dazu an und diskutieren Sie in der Gruppe die Entwürfe.*
- *Interpretieren Sie Ihre Entwürfe und diskutieren Sie die verschiedenen Bedeutungsebenen. Welche Wirkung entsteht beim Betrachter?*
- *Realisieren Sie Ihre Ideen, indem Sie nach einer möglichst einfachen, aber wirkungsvollen Umsetzungsform suchen.*
- *Fotografieren Sie Ihre Ergebnisse und überlegen Sie, wie Sie Ihre Objekte in einer Ausstellung präsentieren könnten.*
- *Planen und realisieren Sie Kurzvideos, in denen Ihre Objekte die Hauptrolle spielen.*

4.7.2 Objekte aus Pappmaschee

Pappmaschee wird häufig für plastische Arbeiten verwendet. Es lässt sich leicht herstellen und ist besonders preiswert. Objekte aus Pappmaschee bestehen häufig aus einem Drahtgeflecht als Grundform, das mit mehreren Lagen Zeitungspapier, die zuvor in Kleister eingeweicht worden sind, beklebt wurde.

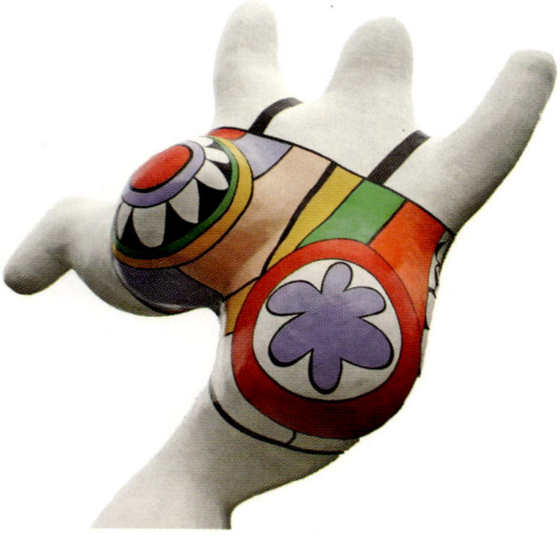

Nach dem Trocknen ist die Pappmachee-Figur leicht, aber stabil und kann mit Temperafarben und einer Lackschicht (als Schutz- und Glanzschicht) bemalt werden. Da kreative Objekte aus dem Bereich der Fantasie oder auch des Absurden kommen, die Grenzen des Möglichen deshalb meistens sehr weit gefasst sind, ist die Verwendung von Zeitungspapier und Kleister als flexibles und formbares Trägermedium ideal.

Nanas: *1974 wurden die überlebensgroßen, poppig bemalten Figuren der Künstlerin* ***NIKI DE SAINT PHALLE*** *am Ufer der Leine in Hannover aufgestellt.*

NIKI DE SAINT PHALLE *(1930–2002) war eine französisch-schweizerische Künstlerin, die in den 1950er-Jahren zunächst als Aktionskünstlerin tätig war. In den 60er-Jahren entstanden die ersten „Nanas" – überlebensgroße Frauenfiguren mit runden Formen, die durch ihre kontrastreiche, poppige Farbigkeit auffallen. Mit ihren Nanas griff NIKI DE SAINT PHALLE Ideen der Frauenbewegung auf: Die überlebensgroßen Polyesterfiguren machte sie zum Symbol für weibliches Selbstbewusstsein und Stärke. Im November 2000 wurde NIKI DE SAINT PHALLE Ehrenbürgerin der Stadt Hannover.*

Das Gestaltungsprinzip der Objekte aus Pappmaschee ist **Verfremdung:** Durch eine veränderte Darstellung des Gegenstandes verändert sich auch seine reale Bedeutung.

Arbeitsanregung

- *Bilden Sie mit dem Material Pappmaschee Alltagsgegenstände (ein Gegenstand aus dem Büro oder dem Haushalt) in überdimensionierter Form nach und fotografieren Sie Ihr Objekt in einer ungewohnten Umgebung. Welche Bildwirkungen entstehen dadurch?*
- *Nehmen Sie die Nanas von NIKI DE SAINT PHALLE als Anlass und Vorbild, entwickeln und realisieren Sie Figuren mit großen Volumen mit Draht, Papier und Kleister.*

Was man braucht

Für die Grundform:
- *Drahtgeflecht (Maschendraht)*
- *Kanister*
- *Wasserflasche*
- *Luftballon*
- *usw.*

Für die Herstellung von Pappmaschee:
- *Kleister*
- *Zeitungspapier*
- *Eierkarton*

Weitere Materialien:
- *Holzstäbe*
- *Korken*
- *Alte Glühbirnen*
- *Schraubverschlüsse*
- *Luftballons*
- *usw.*

Farbe:
- *Temperafarben*
- *farblose Lackfarbe*
- *Pinsel*

4.7.3 Masken aus Pappmaschee

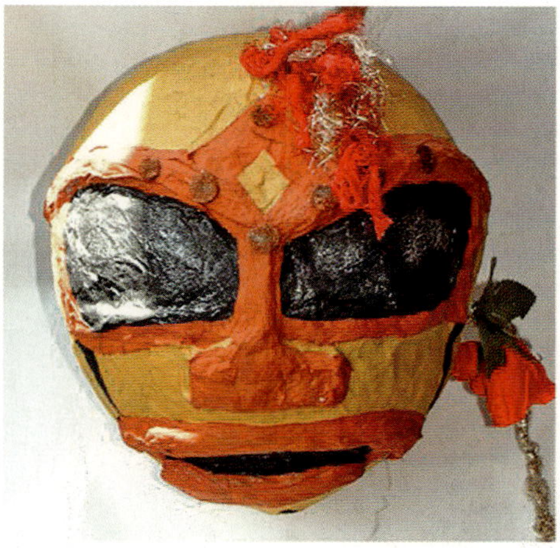

Masken haben immer eine doppelte Funktion. Einerseits machen sie die Person, die sich dahinter verbirgt, anonym. Andererseits stellt die Maske, meist in einer gesteigerten und übertriebenen Form, einen Typ, eine bestimmte Figur oder eine damit verbundene Symbolik dar. Eine Maske kann aber auch als Objekt gesehen werden, welches bemalt und wie ein Bild an die Wand gehängt wird.

***Maske aus Pappmaschee:** Die gerissenen farbigen Papierschnipsel werden hier bewusst als Gestaltungsmittel eingesetzt.*

Arbeitsanregung

- *Verwenden Sie als Grundform für die Maske einen Luftballon und gehen Sie folgendermaßen vor:*
  - *Der Ballon wird auf die gewünschte Größe aufgeblasen.*
  - *Um den Ballon werden mit Pappmachee (Zeitungsschnipsel) mehrere Schichten geformt, die nach dem Trocknen eine stabile Hülle bilden.*
  - *Bei dieser Arbeit lassen sich Pappstreifen, Pappschachteln oder Pappkugeln einarbeiten, um Gesichtspartien (Ohren, Nase, Mund, Augen etc.) ausdrucksvoll zu gestalten. Auch Textilien, Federn und anderes können hier verwendet werden.*
  - *Für die Bemalung der Maske eignen sich besonders Temperafarben oder Plakatfarben.*
  - *Die fertige Maske wird zuerst vollständig mit Weiß übermalt, um das bedruckte Zeitungspapier zu verdecken.*
  - *Erst wenn alle Malarbeiten beendet und die Maske getrocknet ist, kann der Ballon zerstört werden bzw. unten eine Öffnung hineingeschnitten werden. Besonders bei einer Kopfmaske aus Zeitungspapier ist dies zu beachten, da die Farbe das Papier aufweichen kann und Teile so leicht eingedrückt werden oder von selbst nachgeben.*
  - *Zuletzt muss genau ausgemessen werden, wo die Schlitze für Augen, Nase, Mund und Ohren sein müssen. Mit einem Cuttermesser werden die Öffnungen dann sauber hineingeschnitten. Damit die Maske beim Tragen auch gut sitzt, kann man sie innen mit einigen Schaumstoffstücken auspolstern.*

4.7.4 Masken aus Papier und Pappe

Einfache Papiermasken lassen sich aus Packpapier, farbigen Tonpapieren oder Pappe anfertigen:

- *Die Pappe wird, entsprechend der Gesichtsgröße, in ovaler Form zurechtgeschnitten und bekommt Löcher für Augen, Nase und Mund.*
- *Damit die Maske auch getragen werden kann, werden rechts und links Löcher gebohrt und ein Gummiband hindurchgezogen.*

- *Um ein Einreißen zu verhindern, sollte man Lochverstärkungen (aus dem Schreibwarenhandel) aufkleben.*
- *Ebenso sind Pappteller für die Maskenherstellung gut zu gebrauchen. Diese können beklebt oder bemalt werden.*

Was man braucht

- *Tonpapiere in verschiedenen Farben*
- *Packpapier*
- *Dünne Pappe in unterschiedlichen Farben*
- *Gummiband*
- *Lochverstärker*
- *Pappteller*
- *Farben, Pinsel*
- *Buntstifte, Filzstifte*
- *Materialien zum Aufkleben und Dekorieren*
- *Schere*

Das Thema Masken kann zu den unterschiedlichsten Themen mit verschiedenen Techniken realisiert werden. Meistens ist aber ein bestimmter Anlass vorhanden: ein Fest, Karneval oder eine Inszenierung.

Maske aus Papptellern: *Die Flächen sind mit Farbe oder Filzstiften bemalt worden.*

Arbeitsanregung

- *Überlegen Sie sich für ein Sommerfest beispielsweise eine Maskenaktion. Welche Technik wollen Sie wählen? Welche eignet sich gut für Ihren Anlass?*
- *Suchen Sie für diese Aktion die Materialien aus, die sie anbieten wollen. Wie können Sie Ihre Gäste motivieren, eine Maske herzustellen?*
- *Lässt sich die Maske angemessen schnell realisieren?*
- *Nehmen Sie ein Gedicht zum Anlass, Masken aus Pappmaschee oder Papier herzustellen. Lesen und interpretieren Sie beispielsweise das Gedicht „Reklame" (1956) von* ***INGEBORG BACHMANN****.*
- *Skizzieren Sie erste Entwürfe für Maskencharaktere.*
- *Wählen Sie eine Technik für die Realisation Ihrer Entwürfe.*
- *Nehmen Sie ein Musikstück eines zeitgenössischen Komponisten zum Anlass für den Bau von Masken aus Pappmaschee: Beispielsweise das Stück von* ***JOHN CAGE*** *„Concerto for Prepared Piano and Orchestra 1st Part" (1951).*
- *Skizzieren Sie erste Entwürfe für die Maskencharaktere.*
- *Wählen Sie eine Technik für die Realisation Ihrer Entwürfe.*
- *Planen und realisieren Sie eine geeignete Präsentation Ihrer Inszenierung.*
- *Planen Sie ein Videostück für Ihre Masken nach der Musik von JOHN CAGE.*
- *Verfassen Sie dazu ein Storyboard und realisieren Sie das Video.*

INGEBORG BACHMANN *(1926–1973) gilt als eine der bedeutendsten Lyrikerinnen und Prosaschriftstellerinnen des 20. Jahrhunderts.*

JOHN CAGE *(1912–1992) gilt als einer der weltweit einflussreichsten Komponisten des 20. Jahrhunderts.*

4.7.5 Kunst auf der Straße – Streetart

Diesen Titel kann man durchaus wörtlich nehmen: Die Arbeiten der *Streetart* (oder auch *Urban Art* genannt) sind meistens nicht genehmigte künstlerische Eingriffe in den öffentlichen Raum. Die Objekte sind nicht von langer Dauer, weil sie mit vergänglicher Farbe ausgeführt werden und in der Regel keine Beschädigungen anrichten. *Streetart* ist praktische Kritik mit Mitteln der Ironie und tauchte zum ersten Mal in den 1980er-Jahren auf. Dazu zählen Formen wie:

- Schriftzüge an öffentlichen Gebäuden
- mit Kreide gemalte Figuren auf Verkehrsflächen, Ergänzungen von Verkehrszeichen
- Aufkleber an Regenrohren, Wandmalereien und Sticker
- Plakate und Schablonensprüharbeiten
- Ergänzungen mit Legosteinen (Klicksteinen) oder Häkelarbeiten

Die Streetart-Künstler stehen meistens wegen ihres unerlaubten Handelns nicht im Mittelpunkt der Aufmerksamkeit. Ebenso wird man deren Werke auch nicht in Ausstellungen und Museen finden: Die Arbeiten der Straßenkunst tauchen häufig plötzlich an einer Straßenecke auf und sind ebenso schnell wieder verschwunden. Meistens wäscht der Regen die Malerei wieder ab oder die Müllabfuhr entsorgt die „Objekte für einen Augenblick". Folglich gibt es auch keinen „Aufbewahrungsort" der Streetart-Kunstwerke. Fotos im Internet sind die einzig bleibende Erinnerung. Dort findet man inzwischen eine große Streetart-Sammlung mit entsprechenden Erläuterungen und Dokumentationen.

Straßenkunst für einen Moment: *Ein Objekt auf einem Zebrastreifen*

Öffentliche Kunst: *Mit ein paar Kreidestrichen wird aus dem Gitterdeckel des Straßengullys ein unheimliches Monster.*

Was man braucht

- *Wasserlösliche Farben (z. B. Kreide)*
- *Für Objekte: Draht, Papier, Kleister, Farbe*
- *Digitalkamera für die Dokumentation*

Arbeitsanregung

- *Beschäftigen Sie sich mit der Geschichte der Streetart. Suchen Sie nach Informationen und Artikeln in Zeitschriften und im Internet.*
- *Vergleichen Sie die einzelnen Spielarten der Streetart miteinander. Wodurch unterscheidet sich Graffiti von Streetart?*
- *Beobachten Sie Ihre nähere städtische Umgebung. Wo finden Sie kuriose Ecken und Stellen, die Sie gut mit einem Streetart-Objekt sichtbar machen könnten?*
- *Überlegen Sie, mit welcher Technik und welchem Material Sie die Idee (für eine bestimmte Zeit) umsetzen können.*
- *Führen Sie Ihre Überlegungen aus. Beachten Sie dabei auf jeden Fall, dass niemand in eine unangenehme oder sogar gefährliche Situation kommt oder Gesetze missachtet werden. Dokumentieren Sie ihre Arbeit.*

Informationen zum Thema Kunst im öffentlichen Raum in KH, S. 249 ff.

4.7.6 Objektkästen – Spurensicherung

Künstler, die Spurensicherung in ihrer künstlerischen Arbeit betreiben, sammeln, rekonstruieren, dokumentieren und fotografieren und stellen aus. Ihre Suche ist ein subjektives Forschen: Sie setzen sich mit ihrer Vergangenheit auseinander und präsentieren ihr Material in Objektkästen, um den Betrachter anzuregen, einen Bezug zu sich selbst herzustellen oder Fragen an das Vergangene zu stellen.

Spurensuche – Spuren sichern

Schülerarbeit: *Objektkasten der Erinnerung*

Ein Objektkasten als Aufbewahrungsort für alle möglichen Erinnerungsstücke – Fotos, Postkarten oder kleine Gegenstände – bekommt durch seine künstlerische Präsentation des Gesammelten einen Aufforderungscharakter, sich mit seiner Vergangenheit und seiner eigenen Biografie zu beschäftigen: *Welche Momente, Geschichten und auch Konflikte möchte ich dokumentieren und sichern, um mich mit ihnen auseinanderzusetzen und zu beschäftigen?*

Mehr zum Thema: *Der Aspekt Spurensicherung wird in dem Kapitel „Ästhetisches Biografieren" in dem Buch „Lernfeld Kunst" näher beschrieben:*

Dunker, Heike *(2010): Ästhetisches Biografieren, in: A. Cieslik-Eichert/H. Dunker/C. Jacke (2010): Lernfeld Kunst. Lernsituationen zur ästhetischen Bildung in sozialpädagogischen Berufen, Troisdorf, Bildungsverlag EINS, S. 92 ff.*

Was man braucht

- *Kästen*
- *Verschiedene Materialien*
- *Persönliche Dinge und Fotografien*
- *Farbe*
- *Kleber*
- *Digitalkamera*

Arbeitsanregung

- *Sammeln Sie geeignete Kästen, die Sie zu Objektkästen umfunktionieren können: Obstkästen aus Holz vom Markt zum Beispiel oder alte Karteikästen, Büroablagekästen usw.*
- *Arrangieren Sie in einem Kasten unter ästhetischen Gesichtspunkten die gesammelten Fundstücke zu den Themen: Ferien – Schulzeit, unser Stadtteil, Freiheit, Erinnerungen: Was war vor zehn Jahren? Was hat mich besonders bewegt oder beeinflusst?*

4.7.7 Pop-Art: Die Kunst des Alltags

Die Pop-Art der 1960er-Jahre verstand sich als künstlerische Beschäftigung und Auseinandersetzung mit der Welt der Warenästhetik und dem schönen Schein der immer stärker werdenden Massenmedien. Die Künstler benutzten die Ästhetik des Alltags, das Triviale als Vorlage für ihre Kunst.

__ANDY WARHOL__ (1928–1987) war neben __ROY LICHTENSTEIN__ (1923–1997) und __ROBERT RAUSCHENBERG__ (1925–2008) der wichtigste Vertreter der Pop-Art. Er stellte Cola-Flaschen, Suppendosen oder Waschmittelkartons in seinen Bildern dar und benutzte für seine Kunst auch die Sprache der Werbung. Der Siebdruck auf der Leinwand wurde zum häufig seriell variierten Bildverfahren.

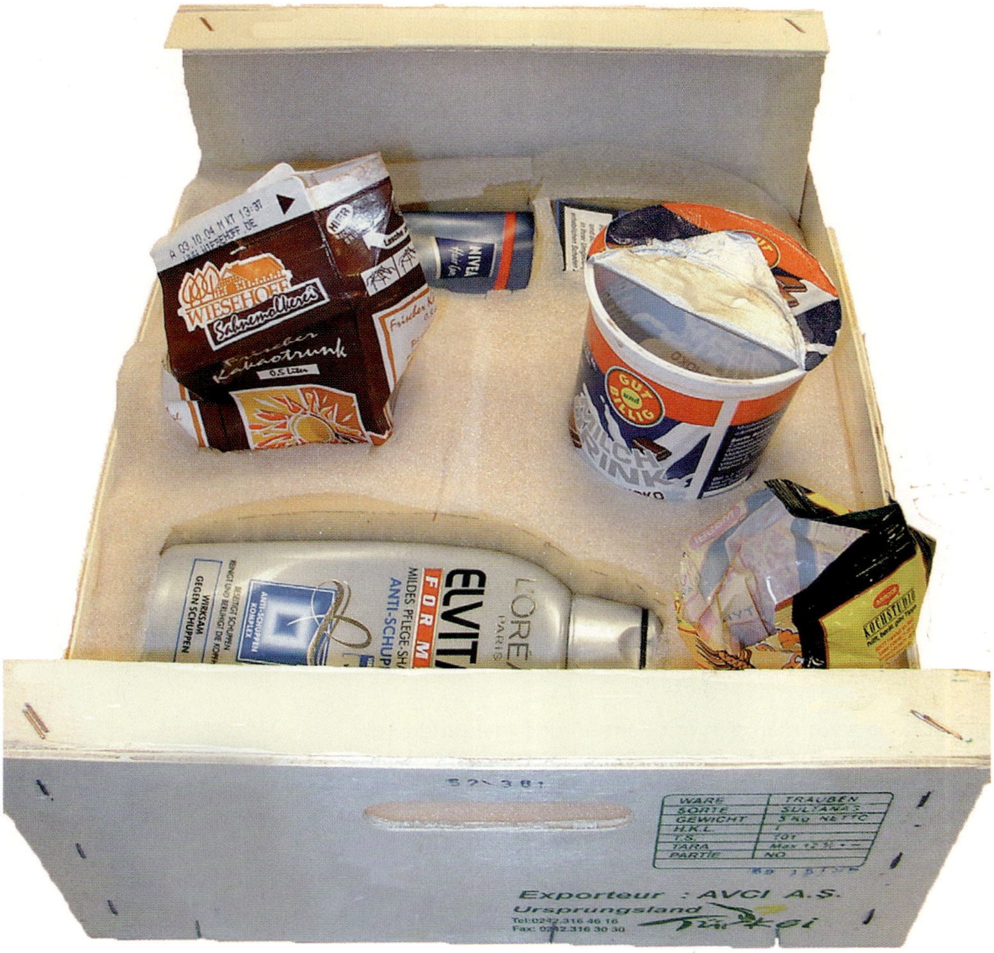

***Schülerarbeit:** 1a Sammlerstücke (2004), gesammelte Wertstoffe in Holzstiege*

Arbeitsanregung

- *Verwandeln Sie eine gesammelte Verpackung in ein Pop-Art-Objekt. Welche ästhetische Wirkung übt dieses Objekt auf Sie aus? Wie sehen und verstehen Sie diese Kunstrichtung der Pop-Art?*
- *Sehen Sie sich auf einem Wertstoffhof um und entwickeln Sie eine Installation für einen geeigneten Raum, in dem Sie „Wertstoffe" unserer Wegwerfgesellschaft als Objekte arrangieren.*
- *Kleben, schrauben und verbinden Sie Verpackungen, Bleche von Getränkedosen und andere Wertstoffe nach formalästhetischen Gesichtspunkten zu Materialreliefs oder „Konsumassemblagen": Formen Sie Bilder aus farblich abgestuften Umverpackungen, Pappen oder Dünnblechen.*
- *Welche Bildmotive würde **ANDY WARHOL** heute in seinem Bildprogramm darstellen?*

5 Räume erfahren

Raumgestaltung:
Wie erleben wir Naturräume und gebaute Räume? Wie lassen sich positive Raumwirkungen erzeugen?

Wie hat sich die Architektur entwickelt? Wie kann man sich mit Formen und Richtungen der Architektur beschäftigen und Gebäude wahrnehmen? In diesem Kapitel geht es um Architektur im Allgemeinen und um die Gestaltung von Räumen im Besonderen: In welcher Weise beeinflusst die farbliche Gestaltung die räumliche Atmosphäre? Welche Elemente kann man einsetzen, um einen Raum angenehm, kommunikativ – ganz einfach freundlich zu gestalten?

5.1 Architektur erkunden – Rundfahrten organisieren

Sich auf den Weg machen – gestaltete Räume entdecken

In Gruppen macht es besonders Spaß, neue Architektur zu erkunden und kennenzulernen. Dazu sind ein Ziel, ein interessanter Weg und kompetente Gesprächspartner notwendig. Bei einer architektonischen Exkursion haben alle das Interesse, Gebäude zeitgenössischer Architekten zu sehen. Wenn es bei der Unternehmung auch gelingt, die Bauwerke auch besichtigen zu dürfen oder gar mit dem Architekten des Hauses sprechen zu können, ist der Reiz und die Erlebnisqualität der „architektonischen Rundfahrt" besonders hoch.

Arbeitsanregung

- *Planen Sie für Ihren Kurs oder Ihre Arbeitsgruppe eine architektonische Exkursion zu einem interessanten Architekturobjekt in Ihrer Region. Bereiten Sie die Fahrt auf verschiedenen Ebenen vor, sodass die Teilnehmer/-innen, die Möglichkeit erhalten, das Gebäude auf vielfältige Weise kennenzulernen. Berücksichtigen Sie dabei die folgenden organisatorischen Komponenten:*
  - **Architektonische Ziele:** Wenn man sich auf den Weg macht, braucht man auch ein lohnendes Ziel, Gebäude, die man sich gern ansehen möchte. Eventuell gibt es in der Region ein neues Bauwerk, das in der Presse vorgestellt wurde und nun aus der Nähe betrachtet werden soll. Es müssen nicht immer neue, aktuelle Bauten sein, auch die klassischen Gebäude oder Architektur der 50er- und 60er-Jahre können, wenn man den entsprechenden Kontext herstellen kann, reizvoll für eine Besichtigung sein.
  - **Inhaltliche Vorbereitung:** Dazu gehört die genaue Kenntnis der verfügbaren Informationen über das Bauwerk: die stilgeschichtliche Einordnung, Informationen über den Architekten, Erbauer, die Funktion und Nutzung des Hauses beispielsweise. Ein Gespräch mit dem Architekten ist im Vorfeld, aber auch bei der Rundfahrt selbst hilfreich. Das schafft nicht nur Abwechslung, sondern auch zusätzliche Motivation, sich mit dem Gebäude zu beschäftigen.
  - **Kreative Überlegungen:** Soll die Rundfahrt mit der Digitalkamera dokumentiert werden?
  - **Organisatorische Vorbereitung:** Wie soll die Rundfahrt strukturiert werden? Wie viele Stationen kann man sich zumuten? Wie viel Zeit steht zur Verfügung? Ist man mit dem Fahrrad, Bus oder Pkw unterwegs?

Tag der Architektur
Die Architektenkammern der Bundesländer organisieren einmal im Jahr den Tag der Architektur. Damit soll Architekten, Bauherren und Interessenten die Möglichkeit gegeben werden, neue Bauwerke vorzustellen, Einblick in ansonsten nicht zugängliche Häuser zu gewähren und diese zu besichtigen. Ein Katalog stellt die Objekte steckbriefartig nach Orten aufgelistet vor. Der Tag der Architektur findet seit einigen Jahren statt und wird von Architekturliebhabern und Architekturprofis gleichermaßen genutzt. Nähere Informationen zum Tag der Architektur sind auf der Internetseite der Architektenkammer NRW zu finden: www.aknw.de

Arbeitsanregung

- *Erstellen Sie während der Exkursion eine Dokumentation mit Fotos und Hintergrundmaterialien für eine spätere Auswertung.*

5.1.1 Architektur und Fotografie

Die Kamera auf architektonische Besonderheiten, gelungene Fassaden oder auch einfach nur auf kleine Einzelheiten zu richten, erfordert nicht nur eine besondere fotografische Beobachtungsgabe, sondern auch Einblick und Kenntnisse der Fototechnik. Architekturfotografie lebt von der Perspektive. Um Räume eindrucksvoll abzubilden, braucht man eine geeignete Kamera mit entsprechenden Objektiven. Man kann ein Gebäude aus der gewohnten Panoramaperspektive ablichten. Interessante Bilder entstehen aber, wenn man verschiedene Blickrichtungen ausprobiert.

Arbeitsanregung

- *Wählen Sie für die genaue fotografische Betrachtung ein Gebäude, das Sie besonders interessant und reizvoll finden. Sehen Sie sich das Gebäude zunächst ohne Kamera an, fertigen Sie eventuell eine Bleistiftskizze an, bevor Sie die ersten Bilder machen.*
- *Fotografieren Sie das Gebäude in seiner Umgebung. Wie sieht die Straßenflucht aus? Wie sehen die Nachbargebäude aus? Gibt es starke Kontraste oder fügt sich das Bauwerk harmonisch in die Umgebung ein?*

- *Achten Sie beim Fotografieren auch auf folgende Verfahrensweisen: Fotografieren Sie Details, suchen Sie ungewohnte Perspektiven und Bildausschnitte, die auf Sie aufgrund der strukturellen Komposition besonders reizvoll finden.*
- *Fotografieren Sie zu unterschiedlichen Tageszeiten und bei besonderen Wettersituationen. Reizvoll sind Fotos bei Nacht (Langzeitbelichtungen mit dem Stativ).*

Weitere Informationen zum Thema Fotografie in KH, S. 168 ff oder BWK, S. 110, zum Thema Architekturfotografie in BWK, S. 122 f.

5.1.2 Architektur wahrnehmen und beschreiben

Ein postmodernes Gebäude am Stadtrand von Hamburg

Wenn man durch die Straßen schlendert, erscheinen einem manche Häuser grau oder selbstverständlich, viele heben sich nicht genug ab vom Fassadeneinerlei der anderen Gebäude. Man lässt den Blick schweifen, und plötzlich taucht da dieses komische, auf den ersten Blick monströs verschachtelte Gebilde zwischen einigen alten Straßenbäumen auf – ein Haus, ein Wohnhaus oder eine außerirdische Kommandozentrale? Was ist das für eine Architektur!

Details des Hauses aus unterschiedlichen Perspektiven

Arbeitsanregung

- *Eine Stadt hat viele Gesichter. Eine Straße hat unterschiedliche Architekturformen. Machen Sie einen Architektur-Spaziergang. Gehen Sie durch einige Straßen und achten Sie dabei bewusst auf die verschiedenen Häuser.*
- *Entdecken Sie dabei besondere Gebäude. Schauen Sie sich diese besonderen Entdeckungen genau an. Machen Sie mit Ihrer Kamera mehrere Fotos von dem Haus: Panoramaansichten und Details.*

Häufig hat nach unserem Verständnis ein Haus einen rechteckigen Grundriss, zwei Giebel und ein Satteldach, eventuell ein Pult- oder Walmdach. Trennen wir uns ein Stückchen weit von diesen Vorstellungen, machen wir uns mit dem Gedanken vertraut, dass Architektur nicht nur ein funktionaler Raum zum Wohnen mit einer relativ traditionellen Gestaltung ist, sondern dass Architektur mit unterschiedlichsten Techniken und Materialien neue Räume gestalten will, um den jeweiligen Nutzern auch bleibende Erfahrungsräume für die Sinne zu eröffnen. Wenn wir unsere Erwartungen nicht nur an die Wiedererkennung von Gewohntem heften, sondern auch das Ungewohnte als reizvoll erfahren können, werden wir bei unseren Architektur-Spaziergängen möglicherweise noch mehr Entdeckungen machen können.

Arbeitsanregung

- *Beschreiben Sie Ihr Verständnis von Architektur. Haben Sie sich schon einmal mit zeitgenössischer Architektur beschäftigt?*
- *Welches Vorwissen über Architektur, Gebäude oder Gebäudegestaltung haben Sie? Kennen Sie Architekten? Interessieren Sie sich für das Thema Bauen?*
- *Gefällt Ihnen das Haus? Welche Gefühle löst der Anblick dieses Gebäudes bei Ihnen aus?*
- *Nach dem ersten Blick auf ein Bauwerk betrachten Sie jetzt intensiver die Funktion und Architektur des Hauses:*
  - *Um welches Gebäude handelt es sich? Wann und warum ist dieses Bauwerk entstanden?*
  - *Welche Funktion hat das Gebäude und von wem wurde es erbaut (Architekt, Bauherr)?*

- *Wie und nach welcher Bauweise ist das Gebäude erstellt worden?*
- *Welche Werkstoffe hat der Architekt bei diesem Bauwerk verwendet?*
- *Beschreiben Sie den Grundriss, die Dachform und die Fassade des Gebäudes.*
- *Gibt es besonders auffällige Baudetails, Blick- und Lichtführungen, Proportionen und Maße?*

• *Für den nächsten Schritt sollten Sie weitere Quellen hinzuziehen: Architekturbücher, Zeitschriftenartikel oder das Internet.*

- *Ordnen Sie das Gebäude in eine Stilepoche der Architekturgeschichte oder in einen aktuellen Trend ein.*
- *Beschäftigen Sie sich mit dem Werk des Architekten, der dieses Gebäude entworfen hat, und vergleichen Sie seine Bauweise mit der Bauweise anderer Architekten der Zeit.*
- *Können Sie in der Formsprache des Gebäudes Verbindungen zur bildenden Kunst erkennen?*
- *Machen Sie eine Vielzahl von Fotos aus unterschiedlichen Perspektiven.*
- *Drehen Sie ein Video bei der Raumbegehung. Dadurch gewinnen Sie einen anderen Blick und eine andere Perspektive.*
- *Wenn die Möglichkeit besteht, befragen Sie den Architekten zu seinem Gebäude. Dadurch erhalten Sie wertvolle und erkenntnisreiche Informationen.*
- *Skizzieren Sie direkt vor Ort die groben Merkmale des Bauwerks mit Papier und Bleistift. Vergleichen Sie später Ihre Zeichnungen mit den Fotografien, die Sie angefertigt haben.*

Film-Tipp zum Thema Architektur:

Copans, Richard/Neumann, Stan *(2000): Baukunst 1–5. Eine Filmreihe von RICHARD COPANS und STAN NEUMANN über 23 Bauwerke von Architekten wie WALTER GROPIUS, FRANK LLOYD WRIGHT, DANIEL LIBESKIND, ZAHA HADID, FRANK O. GEHRY u. v. a., ARTE edition.*

Literatur-Tipp zum Thema Architektur:

Baumann, Günter *(2001): Meisterwerke der Architektur. Bilder und Daten, Stuttgart, Philipp Reclam.*

Schwarz, Theodor *(1995): Kleines Wörterbuch der Architektur, Stuttgart, Philipp Reclam.*

Fassadengestaltungen an Gebäuden mit mehreren Wohneinheiten

Formen und Entwicklungen der Architektur kann man erkennen, wenn man sich Häuser unterschiedlicher Epochen genau ansieht. Es gibt Gemeinsamkeiten und Unterschiede, die diese Bauwerke charakterisieren.

Feuerwache Nord in Bielefeld

Arbeitsanregung

- *Suchen Sie in Zeitschriften, Büchern oder im Internet Gebäudebeispiele.*
- *Vergleichen Sie die Ansichten der Häuser hinsichtlich der jeweiligen Formsprache: Welche Unterschiede und Gemeinsamkeiten kann man auf den ersten Blick erkennen?*
- *Beschreiben Sie die erkennbaren Details: Material, Formen, Muster und Funktionen.*
- *Welche Unterschiede hinsichtlich der architektonischen Formensprache kann man erkennen?*
- *Suchen Sie Informationen in Fachlexika oder im Internet zu der jeweiligen Stilrichtung der abgebildeten Architekturbeispiele.*

Informationen zum Thema Architektur in KH, S. 208 ff.

5.1.3 Modelle bauen

Um sich die Architektur eines Bauwerks besser vorstellen zu können und um einfach mit Bauformen zu experimentieren, die Vorstellungskraft des Betrachters anzuregen, Proportionen, Größenverhältnisse, Dachformen oder Fassadengestaltungen im Kontext besser zu veranschaulichen, sind Modelle eine sinnvolle kreative Methode, Raumbeziehungen anzudeuten und auszudrücken. Utopische Architekturentwürfe können durch die Modelldarstellung einer Realitätsprüfung unterzogen und auf ihre Umsetzbarkeit hin überprüft werden.

Arbeitsanregung

- *Versetzen Sie sich in folgende Situation: Sie sind Mitarbeiter eines Architektenbüros und haben die Aufgabe, eine Entwurfsplanung für ein Architekturprojekt durchzuführen.*
- *Beschäftigen Sie sich zunächst im Team mit der vorgestellten Aufgabe und entwickeln Sie eine tragfähige Idee. Halten Sie Ihre Ideen per Skizze oder Zeichnung kurz fest.*
- *Setzen Sie Ihre Entwurfsplanung mithilfe eines Architekturmodells um. Konkretisieren Sie Ihre Gebäudeplanung so detailliert wie nötig und so genau wie möglich. Für die Umsetzung sollten Ihnen unterschiedliche Oberflächenmaterialien zur Verfügung stehen. Verwenden Sie für den Modellbau Verpackungen aus Pappe und Styropor, Folien, Papiere, dünne Holzstäbe usw.*
- *Überlegen Sie im Team eine kurze Präsentation zum fertiggestellten Modell.*
- *Das fiktive „Architekturbüro" beschäftigt sich mit folgenden Aufträgen:*
- *Entwurf für eine Tageseinrichtung für Kinder mit zwei Gruppen*
- *Sporthalle für eine Grundschule*
- *Erweiterungsbau für die Mittagsbetreuung der offenen Ganztagsschule*
- *Museumsneubau für die Sammlung zeitgenössischer Kunst*
- *Graffiti-Museum unter Berücksichtigung der spezifischen Charakteristika*
- *Mehrfamilienhaus im Grünen*
- *Kulturtreffpunkt im Stadtteil für unterschiedliche Nutzungen*
- *Medientreffpunkt im Stadtteil für eine produktive und rezeptive Nutzung*

Was man braucht

Für den Modellbau sind folgende Materialien verwendbar:
- *Papier, Pappe (Holzpappe),*
- *Sperrholz, Äste, Zweige, Rinde (und andere Naturmaterialien),*
- *Bindfäden, Drähte*
- *Folien aller Art*
- *Sand, Kies, Ton, Gips usw.,*
- *Farben (Tempera oder Acryl)*
- *Kleber und Leim*
- *Entsprechend den Materialien und Techniken sind auch die dafür geeigneten Werkzeuge zu verwenden:*
- *Scheren, Schneidemesser,*
- *Lineale, Bleistifte,*
- *Sägen, Bohrer usw.*

Architekturmodell: *Die Darstellung kann aus verschiedenen Perspektiven betrachtet und fotografiert wurden.*

5.2 Räume gestalten und verändern

Ob man sich in einem Raum wohlfühlt oder nicht, hängt von mehreren Faktoren ab. Intuitiv nehmen wir Form, Licht und Farbe, die Ausstrahlung des Raumes wahr. Wir reagieren auf den Ort, an dem wir uns aufhalten, und auf die spezifischen Eigenschaften des Raumes. Welche Wirkung erleben wir?

Den Raum vom Menschen her definieren

„Raum ist mehr als Fußboden und Wände und Decke. Schon das Gewand, das jemand trägt, ist der erste Schritt zum Raum. Es ist die engste Höhle, die Hülle, in der man steckt, in der es einem wohl und warm ist, oder auch nicht. Raum ist auch das, was mit den Armen umschlossen wird, wenn man arbeitet. [...] Mit jeder Bewegung verengt oder erweitert sich dabei der Raum. Raum ist keine starre, vom individuellen Erleben unabhängige Größe. Raum wird gebildet – durch die Eigenart des Menschen, der so gesehen mit seinem Körper ein Teil von ihm ist, indem er ihn mit seinen Armen umschließt. Raum bildet sich zum Gesprächspartner hin, der gegenübersitzt, zum Möbel, das hinter ihm steht. So erweitert sich der Raum bis hin zu den Wänden. Wenn LE CORBUSIER fordert, dass die Decke nur so hoch sein darf, dass sie mit ausgestrecktem Arm erreichbar ist, definiert auch er den Raum vom Menschen her. [...] Der zum Wohnen geeignetste Raum ist derjenige, der wesentlich auch Betätigung ermöglicht, zu spontanen Einfällen und Kreativität auffordert: nicht der reizüberflutete, sondern der stimulierende; sicher nicht der kahle, reizarme, sondern der, welcher in den plastischen, flächigen und linearen Formen, den Farben und Strukturen stimmig ist – nicht perfektioniert, nicht in seiner Stimmigkeit gebunden, sondern offen. Solche Offenheit kann sich vom Raum auf die Bewohner übertragen und ihr Leben erleichtern [...].“
(MAHLKE/SCHWARTE, 1985, S. 30 f.)

Beispiel: Eva-Gahbler-Haus in Bielefeld-Sieker: Das Stadtteilhaus versteht sich als Treffpunkt und erweiterter Lebensraum für eine sehr heterogene Bewohnerschaft in einem Stadtteil mit besonderem Erneuerungsbedarf. Es sind Gruppen- und Veranstaltungsräume für vielfältige Nutzung durch die Anwohner erstellt worden. Das offene Haus hat sich zum zentralen Mittelpunkt des Stadtteils entwickelt, in dem die unterschiedlichen Angebote sich gegenseitig ergänzen und befruchten.

Arbeitsanregung

- *Beschreiben Sie mit Ihren Worten, wie die Autoren den erlebten Raum definieren.*
- *Wie muss aus der Sicht der Autoren der Raum beschaffen sein, damit er eine positive Ausstrahlung hat?*
- *Diskutieren Sie diese Aussagen anhand einiger konkreter Architekturbeispiele.*

Faktoren für räumliches Wohlbefinden (Grafik nach VOLLMERT, 2005, S. 10 ff.)

Woran kann man sehen und merken, ob man sich in einem Raum wohlfühlt oder nicht? Das räumliche Wohlbefinden ist die Voraussetzung dafür, sich in einem Raum frei zu orientieren, sich zu öffnen und sich produktiv und kreativ in einem Raum zu bewegen. Besonders Lernräume müssen Eigenschaften besitzen, die von sich aus bei allen Beteiligten ein spontanes Wohlbefinden ermöglichen – leider geschieht dies nur sehr selten. **MARGIT VOLLMERT** definiert fünf Faktoren für das räumliche Wohlbefinden:

- **Aneignung:** Der Nutzer ist in der Lage, sich mit einem Raum vertraut zu machen, um ihn nutzen zu können.
- **Sicherheit/Orientierung:** Jeder Raum sollte mit ausgewogenen Reizen auf den Nutzer einwirken. Zu viele Reize verhindern das konzentrierte Arbeiten, reizarme Räume wirken dagegen oft uninteressant und ermüdend. In nachvollziehbaren Strukturen fühlen sich die Nutzer eines Raumes sicher und gut „aufgehoben“.
- **Sinnzusammenhang:** Sind die Elemente eines Raumes (die Möbel beispielsweise) aufeinander abgestimmt? Stehen sie in einer inhaltlichen Beziehung zueinander und sind sie somit für den Nutzer nachvollziehbar?

- **Prägnanz:** Ist der Raum in seiner Struktur und Gestaltung einzigartig in seiner Wirkung und damit auch gut annehmbar für die Nutzer?
- **Wertigkeit:** Welchen Eindruck macht der Raum auf den Nutzer? Ist bei der Gestaltung des Raumes viel Mühe auf die Auswahl der Raumelemente verwendet worden? Werden Bilder beispielsweise in einem geeigneten Rahmen mit Passepartout ausgestellt oder einfach nur praktisch an die Wand „gepinnt"?
- **Erinnerung und Entwicklung von Raumvorstellungen:** Zur Auseinandersetzung und Aneignung von Räumen gehört die Erinnerung an Räume, in denen man gelebt hat – das erste Zimmer etwa oder die Wohnung, aus der man ausgezogen ist, um mit der Familie in eine andere Stadt zu gehen – sowie die Entwicklung einer Vorstellung von einem Haus, einer Wohnung, von unterschiedlich eingerichteten Räumen für verschiedene Nutzungen.

Arbeitsanregung

- *Bauen Sie einen Innenraum maßstäblich als Modell nach und richten Sie dieses Zimmer möglichst detailgenau mit Möbeln und Raumelementen ein. Benutzen Sie für die Innenausstattung Papier, Holz, Folien usw., um die Einrichtungsgegenstände nachzubilden.*
- *Entwerfen Sie für eine Kunstausstellung ein Raumkonzept und bauen Sie dafür ein maßstäbliches Modell mit den ausgestellten Skulpturen und Bildern.*

Der bewohnte Raum

„Die Wohnung ist die Grundlage eines jeden Bewusstseins, weil sie erlaubt, die Welt wahrzunehmen. ‚Man muss immer, gleichgültig wo, wohnen. Ohne Wohnung kommt man buchstäblich um.' (Flusser) [...] Um das Verhältnis des Menschen zur Welt genauer zu bestimmen, befasst sich Bollnow mit der Bedeutung des Wortes wohnen. Er weist nach, dass sich das Wort erst nachträglich aus der allgemeinen Grundbedeutung im Sinne von ‚sich behagen, zufrieden sein' zu seiner räumlichen Bestimmung als ‚verweilen, bleiben, sich befinden' entwickelt hat. Das Wort bezeichnet nicht das Verweilen an einem bleibenden Wohnsitz, sondern nur an einem bestimmten Ort in einem allgemeinen Sinn."
(HOF, 2001, S. 43)

OTTO FRIEDRICH BOLLNOW *(1903–1991), Philosoph und Pädagoge*
VILÉM FLUSSER *(1920–1991), Kommunikations- und Medienphilosoph*

Literatur-Tipp:
Franz, Margit/Vollmert, Margit: *Raumgestaltung in der Kita: In diesen Räumen fühlen sich Kinder wohl, München, Don Bosco Medien GmbH, 2009.*
- *Orte im Lebensraum Kindertagesstätte, S. 22 ff.*

Ein Raum mit zwei verschiedenen Farbstimmungen

Die Abbildung eines Raumes wurde mithilfe des Bildbearbeitungsprogramms Adobe Photoshop® Elements 9 zweimal in der jeweiligen Farbgebung verändert. In der ersten Variante dominiert ein kahles Weiß, in der zweiten eine orange Färbung.

Arbeitsanregung

- *Beschreiben Sie die Abbildungen und tauschen Sie sich in einer Gruppe über Ihre jeweiligen Wahrnehmungen der Raumstimmungen aus.*
- *Experimentieren Sie mit der Wahrnehmung der Räumatmosphäre. Benutzen Sie dazu Ihre Digitalkamera. Nehmen Sie zu Hause oder in Ihrer Umgebung eine ganze Reihe von Innenräumen auf, die sich gut für die Bearbeitung am PC mit der Software Adobe Photoshop® Elements 9 eignen. Verändern Sie mithilfe der technischen Mitteln des PC Licht- und Farbstimmungen der abgebildeten Räume.*
- *Wenden Sie die verschiedenen Filtereinstellungen an. Beeinflussen Sie mit den Funktionen* ***Überarbeiten → Farbe anpassen*** *die räumliche Grundstimmung.*
- *Fügen Sie probeweise malerische Elemente oder bildliche Symbole in das Bild ein, um einen bestimmten Charakter zu erzeugen.*

5.2.1 Aspekte der Raumgestaltung

Die Einrichtung des gestalteten Raumes drückt aus, wie wir leben möchten. Jeder Mensch gestaltet seinen Raum nach bestimmten Vorstellungen und möchte seinem Wohnbereich einen unverwechselbaren Charakter geben. Welches Material wird verwendet? Welche Farben sind für das Raumdesign bestimmend?

Arbeitsanregung

- *Lesen Sie die folgenden Aspekte der Raumgestaltung. Ergänzen Sie diese Kriterien:*
  - **Raumaufteilung:** Der zu gestaltende Raum wird immer als Ganzes wahrgenommen. Wird der Raum in seiner jetzigen Gestaltung von der Fläche her betont? Wie wird die Raumhöhe in die Gestaltung einbezogen, z. B. durch Abhängen der Decke oder Einbau von Podesten und Höhenunterschieden? Welche Funktion hat der Raum, Treffpunkt oder Rückzugsmöglichkeit? Wodurch kann ein Gefühl von Sicherheit und Geborgenheit erzeugt werden?
  - **Gegenstände:** Die Form, die Struktur, das Material und die Farbe der Möbel bestimmen den Raumeindruck. Soll eine sachliche, übersichtliche und minimalistische Wirkung beabsichtigt werden? Oder soll mit warmen Farben, Ornamenten und Dekorationen gearbeitet werden? Nicht immer können und sollen neue Möbel angeschafft oder gebaut werden. Auch alte Möbel, entsprechend aufgearbeitet oder in der Form verändert, können einen interessanten Blickfang darstellen.
  - **Farbe:** Der Farbanstrich gibt dem Raum seine Atmosphäre und spricht die Gefühle an. Ob verhaltene bis dunkle Farben gewählt werden oder eher naturnahe Farbtöne, hängt vom persönlichen Geschmack und der Nutzung des Raumes ab (Ausprobieren und Farbproben an der Wand herstellen). Weiße Räume wirken eher kühl. Andererseits treten in hellen Räumen die Einrichtungsgegenstände besonders hervor.
  - **Licht:** Mit gezielter Lichtführung können Akzente gesetzt werden: Besondere Gegenstände können punktuell angestrahlt und so die Plastizität der Oberfläche hervorgehoben werden. Durch die Färbung des Lichts kann man z. B. Arbeitszonen (helle Ausleuchtung) von Rückzugsmöglichkeiten (warmes Licht) abgrenzen.
- *Setzen Sie sich mit den folgenden Raumwirkungen auseinander und fertigen Sie dazu kleine Skizzen an:*
  - Eine farbige Decke lässt den Raum optisch niedriger erscheinen.
  - Farbige Seitenwände bewirken eine optische Verengung des Raumes.
  - Eine farbige Rückwand und farbige Seitenwände betone die Geschlossenheit des Raumes.
  - Als farbiger Akzent im Raum dient die Rückwand, die beispielsweise als Hintergrund für eine Ess- oder Sitzecke einbezogen werden kann.

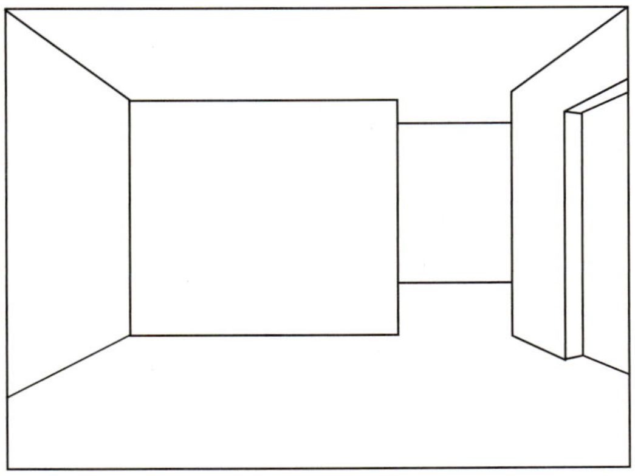

Diese und weitere Kopiervorlagen für Übungen zu räumlichen Farbvariationen finden Sie auf der Website www.lernfeldkunst.de

Arbeitsanregung

- *Übung zur Innenraumgestaltung: Vergrößern Sie diese Abbildung mehrmals mithilfe des Fotokopierers und stellen Sie verschiedene Farbvariationen für diese Raumsituation her. Sie können die Flächen ausmalen oder mit Tonpapier bekleben.*
- *Gestalten Sie die abgebildete Raumskizze als Kunstgalerie mit Gemälden und Objekten.*

5.3 Lichtgestaltung

„Ein Haus ist nur bewohnbar, wenn es voller Licht und Luft ist“, hat der schweizerisch-französische Architekt **LE CORBUSIER** 1923 gesagt. Bezogen auf das Einrichten eines Raumes bedeutet das, nicht nur die Möbel, die Einrichtungsgegenstände und die verwendeten Farben spielen eine große Rolle, sondern auch das Licht ist eines der wichtigsten Gestaltungselemente. Die Ausrichtung des Gebäudes hat für den Lichteinfall in die Räume eine grundlegende Bedeutung:

- Ausrichtung nach **Norden**: keine Sonne, gleichmäßige Ausleuchtung
- Ausrichtung nach **Osten**: Die Sonne scheint morgens in den Raum.
- Ausrichtung nach **Süden**: Je nach Jahreszeit scheint die Sonne mittags in den Raum.
- Ausrichtung nach **Westen**: Die Sonne scheint am Nachmittag in den Raum, im Sommer wird es ohne Sonnenschutz sehr warm.

Unser persönliches Wohlbefinden ist eng mit dem Thema Licht verknüpft: Licht ermöglichst erst, dass wir sehen, und ist als Gestaltungsmittel eines der wirkungsvollsten:
- ***Licht verändert Räume und gibt ihnen eine bestimmte Stimmung.***
- ***Licht kann die Wirkung von Farben verbessern.***
- ***Licht wirkt sich positiv oder negativ auf die subjektive Stimmung der Raumnutzer aus.***

Wenn man künstliches Licht zur Raumgestaltung einsetzen möchte, sollten zuvor grundlegende Aspekte beachtet werden:
- ***Soll in dem Raum eine warme, behagliche oder eher zum Arbeiten geeignete Lichtstimmung hergestellt werden?***
- ***Sollen bestimmte Zonen des Raumes, beispielsweise auch Wandbilder, angeleuchtet und dadurch betont werden?***

Bei der Einrichtung von Kindertagesstätten spielt neben der Farbgestaltung auch die Lichtgestaltung eine entscheidende Rolle. Die Dipl.-Sozialpädagogin **MARGIT FRANZ** empfiehlt:

Franz, Margit/Vollmert, Margit:
Raumgestaltung in der Kita. In diesen Räumen fühlen sich Kinder wohl, München, Don Bosco Medien GmbH, 2009
- *Licht und Bedeutung – Visuell ästhetische Wirkungen von Licht, S. 111 ff.*

„Um Räume optimal auszuleuchten, sollte zuvor eine Lichtmessung durchgeführt werden. Lichtmessungen können bei Beleuchtungsfachgeschäften, Lichtplanern, Lichtherstellern angefragt werden. In einer guten Lichtplanung wird die Lichtfarbe berücksichtigt. In einem Schlaf- oder Wickelraum empfiehlt sich warmtoniges, in einem Atelier hingegen kühltoniges Licht.
Je nach Auswahl der Leuchten kann zwischen direkter (z. B. Strahler) oder indirekter (z. B. Deckenfluter) Beleuchtung gewählt werden. Im Wesentlichen gibt es drei Beleuchtungsarten: **Deckenlampen**, **Wandlampen** und **mobile Lampen**, wie Stehlampen. Stehlampen sollten in Kleinkindgruppen keine Verwendung finden, weil sich die Kinder daran hochziehen.
Ein Schlafraum sollte über eine differenzierte Beleuchtungssituation verfügen. Deckenbeleuchtung wird benötigt, wenn der Raum beispielsweise gereinigt oder außerhalb der Schlafenszeiten für andere Zwecke genutzt wird. Dimmbare Wandlampen sorgen für ein blendfreies, indirektes Licht. Eine stimmungsvolle Lampe sorgt für warmes, reduziertes Licht, wenn die Erzieherin noch länger bei einem Kind verweilt.“
(*FRANZ, 2008, S. 3*)

Arbeitsanregung

- *Fotografieren Sie eine Tonplastik in unterschiedlichen Lichtsituationen: Experimentieren Sie mit der Lichtquelle, indem Sie den Spot seitlich, direkt von vorn oder schräg von oben positionieren. Sehen Sie sich die Fotos an und diskutieren Sie die Wirkung.*
- *Untersuchen Sie die Lichtsituation in einem Gebäude: Ist die Beleuchtung optimal? Durch welche (einfache) Maßnahme müsste ggf. das Lichtkonzept verbessert werden?*
- *Konzipieren Sie für einen Wohnraum ein interessantes und freundliches Lichtkonzept.*

5.4 Möbeldesign

Jede Epoche bringt ein spezifisches Möbeldesign hervor. Neue Materialien kommen hinzu: Herkömmliche Werkstoffe wie Holz und Flechtrohr werden von Stahl und Kunststoff abgelöst.

Arbeitsanregung

- *Sehen Sie sich die vier Sitzmöbel der bekannten Designer an und beschreiben Sie ihre Form.*
- *Welcher Epoche kann man die Stile der abgebildeten Möbel zuordnen?*

*1 Der französische Designer **PHILIPPE STARCK** (geb. 1949) hat seinen stapelbaren Armlehnensessel mit dem Namen „Lord Yo" 1994 auf der Mailänder Möbelmesse vorgestellt.*

*2 Der amerikanische Architekt und Designer **FRANK O. GEHRY** (geb. 1929) ist der Schöpfer dieses Sessels. Der 1992 entworfene „Hat Trick Chair" besteht aus dünnen, geformten Holzbändern.*

*3 Der amerikanische Designer **CHARLES EAMES** (1907–1978) schuf zusammen mit seiner Frau RAY viele Möbel, die heute zu den Klassikern zählen. Der Aluminium-Group-Konferenzstuhl entstand Anfang der 1960er-Jahre.*

*4 Ebenfalls ein Möbelklassiker: Der Freischwinger S 633 aus federhartem Stahlrohr des Bauhaus-Architekten **MIES VAN DER ROHE** (1886–1969) wurde 1927 präsentiert.*

*Für die Architekten **Frank O. Gehry** und **Ludwig Mies van der Rohe** ist, bzw. war Möbeldesign ist weiteres Feld ihrer Kreativität. **Charles** und **Ray Eames** waren in erster Linie Designer, die sich aber auch als Architekten betätigt haben: 1949 haben sie ihr Wohnhaus in Pacific Palisade (Santa Monica, Kalifornien) entworfen und aus industriell vorgefertigten Konstruktionselementen gebaut.*

Arbeitsanregung

- *Besuchen Sie ein Möbelhaus und informieren Sie sich über Möbeldesign.*
- *Experimentieren Sie mit verschiedenen Materialien und stellen Sie verschiedene Modelle von Sitzmöbeln her.*
- *Nehmen Sie die vier obigen Beispiele als Ausgangspunkt und versuchen Sie, eine eigene Vorstellung von Möbeldesign zu kreieren und zu beschreiben.*

5.4.1 Möbel aus Wellpappe

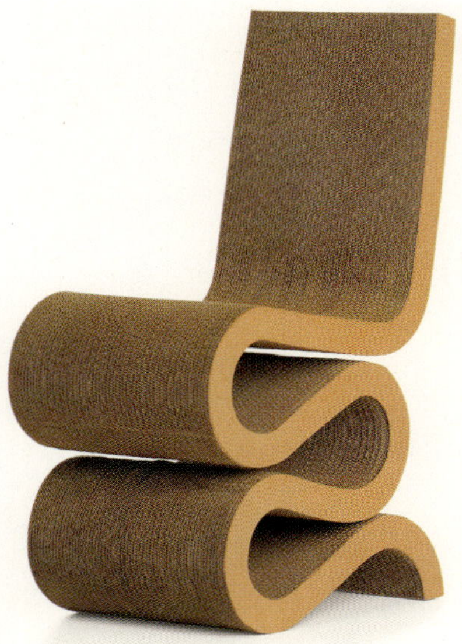

Der Architekt und Designer **FRANK O. GEHRY** entwarf 1972 den „Wiggle Chair", einen komplett aus aneinandergeklebten Formteilen aus Wellpappe gefertigten, frei schwingenden Sessel. Aufgrund der besonderen Form erscheint der Sessel aus Wellpappe weniger als alltägliche Sitzgelegenheit, sondern mehr als Kunstobjekt mit einem hohem Aufforderungscharakter zu eigenen Experimenten.

*„Wiggle Chair" von **FRANK O. GEHRY***

Arbeitsanregung

- *Wellpappe gibt es in unterschiedlichen Stärken und Farben. Das Material ist federleicht und recht stabil. Es kann gut geschnitten, geklebt und weiterverarbeitet werden. Steckverbindungen sind auch möglich.*
- *Entwickeln Sie Sitzmöbel aus Wellpappe. Machen Sie zunächst Entwürfe auf Papier und fertigen Sie dann aus dünner Pappe kleine Modelle an.*
- *Übertragen Sie die angenommenen Maße der Modelle auf die Realität.*
- *Wie kann aus diesen Vorgaben ein Prototyp angefertigt werden? Wie viel Wellpappe benötigen Sie? Wie stark muss die Wellpappe sein? Nehmen Sie Kontakt zu einer Kartonfabrik auf, um günstig Wellpappe beschaffen zu können.*
- *Testen Sie den angefertigten Prototyp hinsichtlich der Stabilität und Belastbarkeit.*

„Verrückte Stühle"

- *Eine besondere Bearbeitungsweise alter Stühle ist die Verfremdung. Dabei wird aus einem Sitzmöbel mit viel Fantasie und Kreativität ein neuer Gebrauchsgegenstand.*
- *Suchen Sie alte Stühle – zu Hause oder in der Schule – und entwickeln Sie für jeden Stuhl ein eigenes Thema, einen Charakter. Verändern Sie jeden Stuhl: Nehmen etwas weg, sägen Sie etwas ab oder schrauben Sie etwas an. Mit den unterschiedlichsten Materialien verleihen Sie Ihrem Stuhl ein ganz neues Profil. Aus einem Serienstuhl wird so ein individuelles Möbelstück.*

Konstruktionsmethoden: Um möglichst große Stabilität und Tragfähigkeit bei der Herstellung von Möbeln zu erreichen, kann die Pappe beispielsweise in Schichten aufeinandergeklebt, gefaltet oder ineinandergesteckt werden.

5.5 Wandbilder

Fantasiebild: *Wandmalereien können auch eine andere Wirklichkeit vorspielen.*

Wandbilder werden häufig produziert, wenn es darum geht, öffentlichen Räumen, Empfangshallen oder Eingangsbereichen mit einem Blickfang einen besonderen Charakter zu geben. In den 1980er-Jahren entstanden an vielen Orten Wandgemälde. Das Themenspektrum reichte vom großformatigen Kinoplakat über die handgemalte überdimensionale Fassadenwerbung bis zum politisch intendierten Wandbild mit historischem Hintergrund. Aber auch Bilder, die mit optischen Täuschungen oder visuellen Illusionen spielten, fanden großes Interesse. Wandbilder sind aufgrund des hohen Material-, Zeit- und Arbeitsaufwandes kostenintensiv und deshalb häufig Auftragskunst.

Arbeitsanregung

- *Planen Sie für ein Treppenhaus ein Graffiti-Wandbild.*
- *Planen Sie in einem Team ein großformatiges Wandbild mit entsprechender Bildsprache (realistisch, abstrakt, als Graffiti usw.) für einen besonderen Bereich in Ihrer Schule oder in einer Einrichtung. Zu Ihrer Planung gehören*
  - *Ideenskizzen und Detailentwürfe, um die Komposition zu diskutieren und zu konkretisieren,*
  - *Fotovorlagen oder Zeichnungen für die Umsetzung, die per Beamer an die Wand projiziert und nachgezeichnet werden. Diese Vorzeichnung wird anschließend schrittweise ausgemalt. Dabei sollten Sie das Gesamtbild immer im Auge behalten.*

Politisches Wandbild: *Zeitgeschichtliche oder politische Inhalte wurden in den 1980er-Jahren häufig thematisiert.*

Was man braucht

- *Papier, Bleistifte oder*
- *Digitalfotos für die Ideenskizzierung*
- *Fotovorlagen für die Realisation*
- *Projektor/Beamer*
- *Für den Außen- oder Innenbereich geeignete Farben*
- *Pinsel in verschiedenen Stärken*
- *Schutzkleidung, Abdeckfolien, Klebeband usw.*
- *Eventuell ein Gerüst*

5.6 Naturräume

Blick in einen Garten mit Pflanzbeet für Blumen der Saison, Rasenfläche und Sitzecke. Gabionen (→ ...) bieten einen strukturierenden Sichtschutz

Gartengestaltung lebt von der einfachen und harmonischen Struktur, der abwechslungsreichen Begrünung und der einladenden optischen Präsenz.

Arbeitsanregung

- *Planen Sie für einen konkreten Außenbereich eine Gartengestaltung mit Sitzfläche und Bepflanzungen.*
- *Wenn es sich ausschließlich nur um eine Planung handelt, fertigen sie verschiedene Entwurfszeichnungen des Vorhabens an.*
- *Klären Sie auf jeden Fall vorab folgende Fragen:*
  - *Welche Intention wird mit dem Anlegen des Gartens verfolgt? Ein Garten, in dem neben Blumen, Sträuchern und Bäumen auch Gemüse angebaut werden soll, ist anders anzulegen als einer, der ausschließlich zur Erholung und Entspannung dienen soll.*
  - *Wie viel Platz steht für die Gartengestaltung zur Verfügung? Welche örtlichen Bedingungen sind zu berücksichtigen: Himmelsrichtung? Windschutz durch Mauern/Gebäude?*
  - *Wie groß ist das Budget, das für das Gartenprojekt zur Verfügung steht?*

Auch im Kleinen kann man seine Vorstellung eines kreativen Gartens realisieren. Es kommt darauf an, einen Ort in der Natur zu gestalten, der Abwechslung, aber auch Beruhigung für die Sinne bietet.

Berücksichtigen Sie:

- *Welche Flächen, Wege und Pflanzen sollen in dem Garten integriert werden (weniger kann mehr sein)?*
- *Planen Sie in Ihre Gestaltung einfache Prinzipien ein: beispielsweise Symmetrien, Achsen, Diagonalen, runde Elemente, Gegensätze oder Inseln.*
- *Informieren Sie sich über die Pflanzen und ihre Pflegebedingungen.*
- *Fertigen Sie eine maßstäbliche Skizze an und kalkulieren Sie Ihr Projekt.*

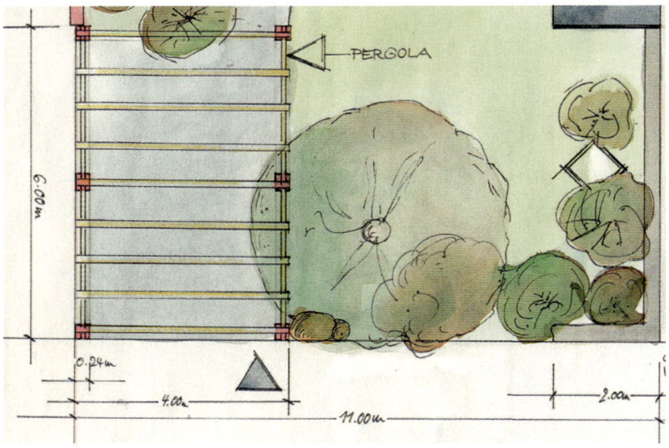

Gartenskizze: *Eine Skizze kann helfen, die Proportionen, Lichtachsen und Begrünungselemente genau zu planen.*

Anregung für die Begrünung: Japanischer Hartriegel (Cornus kousa)

- ***Wuchshöhe:*** *Der Strauch wird etwa 4 Meter hoch. Außerhalb der Blütezeit ist der japanische Hartriegel ein locker wachsender Großstrauch mit frischgrünen Blättern.*
- ***Blütenfarbe:*** *Im Mai jedoch verschwindet für etwa zwei Wochen der gesamte Strauch unter einer Vielzahl von weißen Blüten (→Abb.). Im Herbst nehmen die Blätter eine scharlachrote Farbe an.*
- ***Boden/Standort:*** *Leicht saure, frische Gartenböden in sonniger Lage*
- *Verwendung: Einzelstellung im Rasen*
- ***Pflege:*** *Anspruchslos, um den natürlichen Wuchs nicht zu beeinflussen, wird der Strauch nicht geschnitten.*
- ***Kosten:*** *etwa 35 EUR*

5.6.1 Steine und Gabionen

Arbeitsanregung

Wenn Sie als Mitarbeiter einer Einrichtung in die Situation kommen sollten, bei der Planung des Außengeländes mitarbeiten zu dürfen, dann können Gestaltungen mit Steinen eine interessante Anregung sein:

Gabionen: *Drahtmatten, mit Steinen befüllt, bieten sich als Sicht- und Lärmschutz sowie als optische Strukturierung an. Als Füllmaterial eignet sich der „Piesberger Karbonquarzit (Sandstein)" aus der Region Osnabrück. Der Stein hat ein abwechslungsreiches Farbspiel und stammt aus der Karbonzeit (vor 300 Millionen Jahren).*

Mit Gabionen gestalten

Mit Steinen gefüllte Drahtkörbe werden Gabionen genannt. In der Landschaftsarchitektur sind sie eine preiswerte Methode, um Lärm- und Sichtschutzanlagen zu errichten und Böschungen, Hänge und Bergwände zu befestigen. Dabei werden die Steine in Körbe gefüllt und zur Abstützung schräg gegen den Berg gesetzt. Inzwischen sind Gabionen in vielen Regionen ein Trend in der Gartengestaltung geworden.

Arbeitsanregung

- *Planen Sie für einen konkreten Einsatz den Bau einer Gabione.*
- *Berücksichtigen Sie dabei folgende Hinweise:*
  - Der Fachhandel bietet Bauelemente für Gabionen in unterschiedlichen Ausführungen und Größen an.

- Die hier abgebildete Konstruktion besteht aus seitlichen U-Profilen, die senkrecht ausgerichtet 90 cm tief (frostfrei) im Boden einbetoniert werden. Seitlich werden dann die Gabionengitter eingehängt.
- Damit sich die beiden Metallmatten durch die Belastung der Steinfüllung nicht nach außen wölben, werden in kurzen Abständen auf allen „Etagen" Sicherungsmetalle eingesetzt und fixiert.
- Die Steine werden bei der Befüllung entweder in die Gabionen geschüttet oder eingestapelt. Dies ist die optisch schönere Methode.

Pflaster verlegen

Arbeitsanregung

- *Planen Sie für eine kleine Sitzfläche eine Pflasterung mit einem ansprechenden Naturstein. Informieren Sie sich über das Material und skizzieren Sie das Vorhaben.*
- *Nach Vorbereitung des Untergrundes (verdichteter Schotter) werden an den Seiten zunächst Kanten („Läufer") in Mörtel zur Befestigung der Pflasterfläche gesetzt.*
- *Anschließend werden die Pflastersteine mit dem Pflasterhammer in Splitt oder Sand gesetzt. Der Fugenabstand beträgt 1 cm.*
- *Nach Fertigstellung der Fläche werden die Steine entweder mit einem Gummihammer abgeschlagen, um eine gleichmäßige Höhe zu erreichen. (Die Fläche kann auch „abgerüttelt" werden.) Die Fugen werden entweder mit Steinmehl oder mit Kunstmörtel verfüllt.*

Steinpflaster kann in Bögen, nebeneinander oder in Kreisform verlegt werden. Damit das Wasser gut ablaufen kann, muss ein Gefälle eingebaut werden.

5.6.2 Wahrnehmungspfade

Über Wahrnehmungspfade wird man barfuß und mit geschlossenen Augen geführt. Die Beschaffenheit der rauen, kalten, spitzen, glatten oder stacheligen Materialstrukturen ist so intensiver wahrnehmbar. Die Idee der Wahrnehmungspfade geht zurück auf Überlegungen des Philosophen und Pädagogen **HUGO KÜKELHAUS**. Er wollte die Menschen aus ihrer selbst verschuldeten Erfahrungslosigkeit herausführen und mithilfe verschiedener Wahrnehmungsobjekte die Erinnerung an ihre ersten Erfahrungen mit Bewegung und Naturphänomenen vermitteln. Ein Objekt aus diesem großen Repertoire ist der Wahrnehmungspfad (*vgl. KÜKELHAUS/ZUR LIPPE, 1982*).

Arbeitsanregung

- *Man muss nicht unbedingt einen festen Wahrnehmungsweg anlegen. Manchmal reicht es auch, beispielweise für ein Sommerfest, mit flachen Schalen aus Kunststoff einen Fühlparcours mit unterschiedlichen Materialien zu improvisieren.*
- *Überlegen Sie, wie Sie Kinder oder Jugendliche über den Wahrnehmungsweg führen würden: Was ist für Sie wichtig bei der Begleitung, wenn jemand mit bloßen Füßen tastend und mit geschlossenen Augen über die Materialien geführt wird?*
- *Informieren Sie über das Leben und pädagogische Wirken von HUGO KÜKELHAUS.*

Was man braucht

Für die Planung: Skizzenpapier, Bleistifte, Filzstifte, Lineal, Dreieck
Pflasterarbeiten:
- *Schotter*
- *Fertigbeton*
- *Pflastersteine*
- *Pflasterhammer*
- *Gummihammer*

Gabionen:
- *U-Profile*
- *Metallmatten (jeweils vom Fachhandel)*
- *Fertigbeton*
- *Steinmaterial*

Allgemein:
- *Spaten, Schaufel*
- *Schnur, Wasserwaage*
- *Maßband*

6 Medien entdecken

Bildbearbeitung:
Verfremdung einer Fotovorlage durch Einfärbungen und Rasterung mithilfe der Bildbearbeitungssoftware Adobe® Photoshop Elements 9

Die technischen Medien, Fotografie, Video und Webdesign gehören auch zur kreativen Praxis. Die digitale Fotobearbeitung, die Montage von Videomaterial und die Grafikgestaltung am PC gehören heute zu den künstlerischen Ausdrucksmöglichkeiten wie Farbe, Pinsel und Leinwand. Für die künstlerische Arbeit am Bildschirm werden andere Kompetenzen erwartet als für die spontane Umsetzung einer kreativen Idee auf dem Papier. Beide Verfahren, die analogen und die digitalen, ergänzen sich: Oft sind die Bleistiftskizzen nicht Gegensatz, sondern notwendige Voraussetzung für eine gelungene Gestaltung und ein gut überlegtes Webdesign im Internet.

6.1 Mediale Räume erkunden

Medien spielen heute in unserem Kommunikationsverhalten eine entscheidende Rolle. Früher waren öffentliche Plätze und Märkte der Stadt diejenigen Räume, wo Waren angeboten, gehandelt und Neuigkeiten ausgetauscht wurden. Diese urbane Struktur hat sich im Laufe der Zeit grundlegend gewandelt. Auf den Markt des öffentlichen Austauschens und Weitergebens von Informationen sind die technischen Medien getreten.

„Medien erzeugen Öffentlichkeiten; das ist ein Aspekt ihres sozialen Charakters. Ohne Medien würde es Öffentlichkeit gar nicht geben. Medien sind die Grundlage aller Diskurse und bleiben zugleich Gegenstände vieler Dispute."
(MÜNKER, 2009, S. 29)

Zusammengefasst lässt sich folgern:
- ***Wir nehmen öffentliche Räume als mediale Räume wahr.***
- ***Alles, was sich öffentlich darstellt, wird durch Medien vermittelt.***
- ***Medien provozieren die öffentliche Diskussion und stehen oft selbst im Mittelpunkt.***

Wir erleben eine gesellschaftliche Öffentlichkeit, die nicht nur durch Medien erzeugt wird, sondern in zunehmendem Maße von ihnen abhängig ist. Je komplexer unser Zusammenleben geworden ist, desto notwendiger ist es geworden, Informationen über die Medien zu bekommen. Insofern erscheint vor diesem Hintergrund der Wunsch nach einer nicht medialen Öffentlichkeit mit mehr direkter Kommunikation geradezu absurd. Wir erleben gegenwärtig einen radikalen Wandel der medialen Räume: Die analog strukturierten Massenmedien (Zeitungen, Fernsehen) konkurrieren erbittert mit den digitalen Mediennetzen (Internet). Wir müssen lernen, Medienöffentlichkeiten wahrzunehmen und kompetent und kreativ damit umzugehen.

Wie werden sich die Medien weiterentwickeln? Wird es in Zukunft noch Papierzeitungen geben? Oder wird die Schnelligkeit des Bildschirms die Technik der Nachrichtenverbreitung weiter beschleunigen?

Arbeitsanregung

Diskutieren und bewerten Sie die folgenden Aussagen:

- ***Zeitungen** waren ursprünglich das Medium zur Verbreitung von Neuigkeiten. Aktueller sind heute Fernsehen und Internet.*
- ***Fernsehen** bietet lediglich eine Einwegkommunikation und ist für junge Menschen nur noch bedingt interessant.*
- ***Internet** ist das Medium für die souveräne Nutzung: Es führt die Medien Zeitung und Fernsehen zusammen.*

6.2 Medienkompetenz

***Videoarbeit:** Aufnahme eines Interviews für eine kurze Reportage*

Jeder Mensch verfügt über ein bestimmtes Maß an kommunikativer Kompetenz. Wir kommunizieren immer, weil wir nicht nicht kommunizieren können. Jeder Blick, jede Bewegung, unsere Haltung, Gestik und Mimik – alles drückt in einer bestimmten Situation, in einem bestimmten Augenblick, gewollt oder unbewusst eine Botschaft für unseren Gesprächspartner aus. Wir können uns dieser Gesetzmäßigkeit nicht entziehen, aber Einfluss darauf ausüben, indem wir die Regeln kommunikativer Prozesse beachten, kennenlernen und anwenden.

Kommunikative Kompetenz bezeichnet:
- ***Die Fähigkeit, einen Gesprächspartner wahrzunehmen und ihm zuzuhören.***
- ***Die Fähigkeit, das Wahrgenommene aufzunehmen und gedanklich zu verarbeiten.***
- ***Die Fähigkeit, sich angemessen auszudrücken und mitzuteilen.***

Da wir für einen großen Teil unserer Kommunikation verstärkt Medien benutzen, müssen wir heute folglich auch diese Medien kennenlernen, sie bedienen und ihre Wirkung einschätzen können, d. h. medienkompetent sein.

Die **vier Dimensionen der Medienkompetenz** nach **DIETER BAACKE**:

- **Medienkritik** analytisch – reflexiv – ethisch
  Das analytische Wissen wird reflexiv auf sich selbst angewendet und sozial verantwortet.
- **Medienkunde** informativ – instrumentell – qualifikatorisch
  Grundlegendes über die Mediensysteme ist bekannt; technische Entwicklungen werden verfolgt.
- **Mediennutzung** rezeptiv anwenden – interaktiv anbieten
  Die Mediensysteme werden rezeptiv und interaktiv genutzt.
- **Mediengestaltung** innovativ – kreativ
  Medien werden kreativ und ästhetisch genutzt – über den täglichen Gebrauch hinaus.

Die eigene Medienkompetenz kann man daran messen, ob und wie man Medien für sich nutzt und einsetzt:

- *Kann man die Rolle und die Funktion der Medien als konstitutives Element der Gesellschaft verstehen und kritisch reflektieren?*
- *Kann man die Gestaltungsmittel der Medien erkennen und die Wirkungsmöglichkeiten von Medienangeboten reflektieren und in Lebenszusammenhänge einordnen?*
- *Inwieweit setzt man selbst Medien zur Lösung komplexer Aufgabenstellungen ein – etwa zur Recherche von Hintergrundinformationen?*
- *Ist man in der Lage, eine Medienproduktion selbstständig zu planen, zu realisieren und zu präsentieren?*
- *Kann man dabei die spezifischen Ausdrucksmöglichkeiten des jeweiligen Mediums für die eigene Aussage anwenden?*

DIETER BAACKE (1934–1999) war Professor für Erziehungswissenschaften an der Universität Bielefeld. In zahlreichen Büchern und Schriften hat er sich mit dem Thema Kommunikation in einer durch Medien bestimmten Welt auseinandergesetzt. Medienkompetenz bezeichnet DIETER BAACKE als einen Teilbereich der kommunikativen Kompetenz.

Arbeitsanregung

- *Tauschen Sie sich über Stärken und Schwächen Ihrer eigenen Medienkompetenz aus.*
- *Beziehen Sie die Dimensionen der Medienkompetenz nach DIETER BAACKE auf das Medium Internet. Formulieren Sie Aussagen zu einer kritischen und produktiven Haltung gegenüber dem Internet.*

6.3 Ein Video planen

Aufnahme einer Videoszene

Arbeitsanregung

- *Verschaffen Sie sich einen Überblick über die unterschiedlichen Video- oder Filmformate, die es in Kino, Fernsehen oder Internet gibt.*
- *Erklären und beschreiben Sie folgende Videoformate:*
  - *Dokumentarvideo*
  - *Nachrichtenvideo*
  - *Interviewvideo*
  - *Beobachtungsvideo*
  - *Spielfilm*
  - *Musikvideo*
  - *Satirevideo*
- *Ergänzen Sie die Liste mit weiteren Formaten, die Sie in den Medien kennengelernt haben.*

Was man braucht

- *Auch mit einer Kompaktkamera kann man heute Videofilme in HD-Qualität (HD = High Definition) herstellen.*
- *Beispiel: Canon PowerShot SX230 HS*
- *Stativ, externes Mikrofon*
- *Für die Nachbearbeitung: Pinnacle® Studio HD Ultimate Collection* *(→ S. 95)*

Videos selbst zu produzieren und zu veröffentlichen, ist heute einfacher als früher: Internetplattformen wie *YouTube* oder *Vimeo* bieten die Möglichkeit, das Video einem weltweiten Publikum zu präsentieren.

6.3.1 Gestaltungselemente des Videofilms

Die Handlung eines Videos besteht aus **Szenen** und **Sequenzen**. Diese wiederum werden in einzelne **Einstellungen** aufgelöst, um durch logischen und abwechslungsreichen Bildwechsel die Filmgeschichte den Zuschauern spannend zu erzählen.

Arbeitsanregung

- *Skizzieren Sie mit wenigen Bleistiftstrichen Filmbilder mit folgenden Einstellungsgrößen:*
  - *TOTALE (T)*
  - *HALBTOTALE (HT)*
  - *HALBNAH (HN)*
  - *NAH (N)*
  - *GROSS (G)*
  - *DETAIL (D)*

Informationen zum Thema Video in KH, S. 182 ff und BWK, S. 130 ff.

Die Einstellungen sind die Bildausschnitte, die die Kamera in unterschiedlicher **Perspektive** und Länge von einem Geschehen – Dialog, Verfolgungsjagd, Abendstimmung usw. – aufnimmt. Bei der **Nachbearbeitung des Videomaterials**, dem Schnitt, werden die Ausschnitte in einer bestimmten Reihenfolge montiert, um eine gewünschte Wirkung zu erzielen.

Zu den Gestaltungselementen des Videos zählen auch die Kamerabewegungen.

- **Schwenks:** *Horizontalschwenks* (Filmen einer Landschaft entlang des Horizonts) und *Vertikalschwenks* (Filmen eines Gebäudes vom Eingang bis zur Dachspitze).
- **Perspektive:** *Vogelperspektive* (Vermittlung von Überblick), *Froschperspektive* (Darstellung von Macht und Unterlegenheit).
- **Fahrten/Zoom:** Man kann mit der Kamera auf unterschiedliche Weise „fahren". Die künstliche Fahrt ohne Veränderung des Standpunktes der Kamera wird *Zoom* genannt.
- **Ton:** Alle Aufnahmen sollten mit einem O-Ton (= Originalton) aufgenommen werden.
- **Licht:** Die Camcorder liefern heute auch bei schwacher Beleuchtung brauchbare Bilder. Bei Interviews und Spielfilmszenen sollten Scheinwerfer eingesetzt werden.
- **Schuss-Gegenschuss-Verfahren:** In Dialogszenen werden die Gesprächspartner abwechselnd im Bild gezeigt (ON), manchmal auch im OFF, wenn es auf die Reaktion des Gegenüber ankommt.

Schuss-Gegenschuss-Verfahren: Wenn man nur eine Kamera einsetzen kann, muss die Szene mindestens zweimal gedreht und in der Nachbearbeitungentsprechend geschnitten werden.

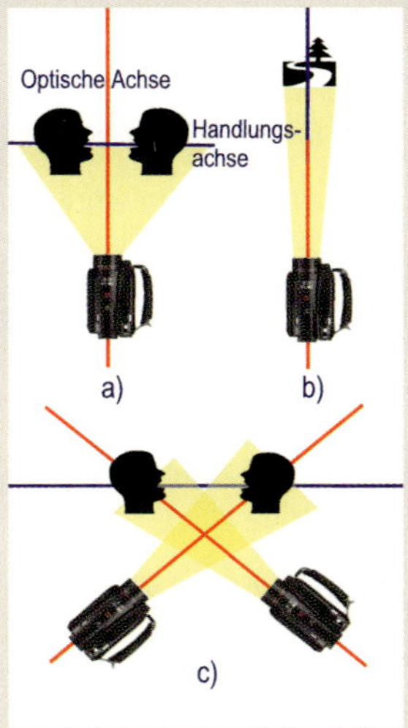

Beziehungen der optischen Achse mit der Handlungsachse:
a) Die Kamera beobachtet neutral den Dialog (90°-Winkel der Achsen).
b) Subjektive Kamera: beide Achsen sind identisch
c) Schuss-Gegenschuss-Verfahren: Um verwirrende Bildwechsel durch einen Achsensprung zu vermeiden, filmen beide Kameras die Dialogpartner jeweils von der gleichen Seite der Handlungsachse.

Für die Planung eines Videos ist in vielen Fällen eine Skizze, ein Konzept oder ein **Drehbuch** notwendig – je nach Anspruch und Themenstellung. Oftmals reicht auch ein **Storyboard** für die Skizzierung der Filmidee: **Einstellungen, Kamerabewegungen, Dialoge** und Hinweise für die **Montage** und **Nachbearbeitung** werden schriftlich festgehalten. Hier ein Beispiel:

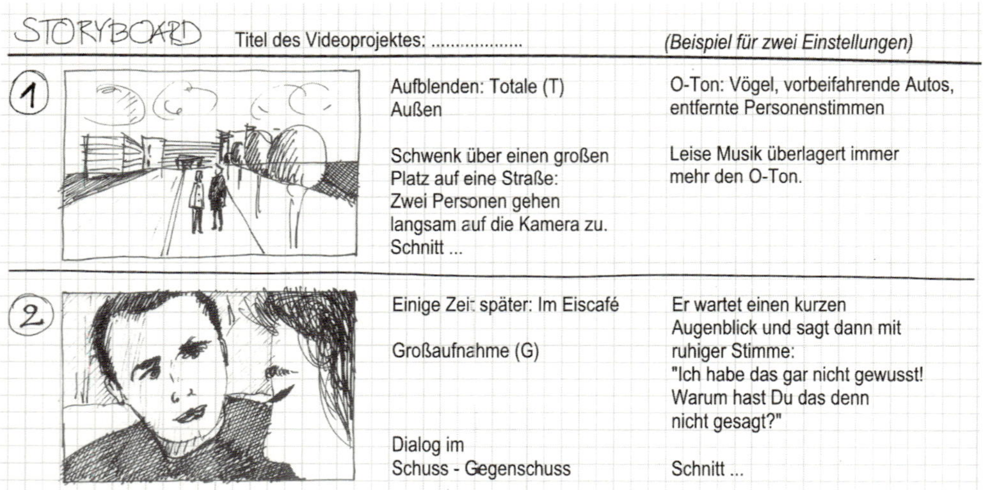
STORYBOARD Titel des Videoprojektes: .... *(Beispiel für zwei Einstellungen)*

1	Aufblenden: Totale (T) Außen Schwenk über einen großen Platz auf eine Straße: Zwei Personen gehen langsam auf die Kamera zu. Schnitt ...	O-Ton: Vögel, vorbeifahrende Autos, entfernte Personenstimmen Leise Musik überlagert immer mehr den O-Ton.
2	Einige Zeit später: Im Eiscafé Großaufnahme (G) Dialog im Schuss - Gegenschuss	Er wartet einen kurzen Augenblick und sagt dann mit ruhiger Stimme: "Ich habe das gar nicht gewusst! Warum hast Du das denn nicht gesagt?" Schnitt ...

Planung einer Videosequenz mit Einstellungen, Dialogen und Regieanweisungen (Storyboard)

- Checkliste für die Videoproduktion:
  - *Videokamera und entsprechendes Zubehör organisieren*
  - *Um welches Videogenre geht es?*
  - *Formulierung der ersten Idee*
  - *Konkrete Planung der Videogestaltung*
  - *Welche Elemente sollen eingesetzt werden?*
  - *Festlegung der Szenen, Sequenzen und Einstellungen*
  - *Wie soll das aufgenommene Videomaterial nachbearbeitet werden?*
  - *Was muss für die Nachbearbeitung schon vor der Aufnahme berücksichtigt werden?*

6.3.2 Musikvideo

Musikvideo: *Schnitt der Bildsequenzen nach dem Rhythmus der Musik mit der Software Pinnacle® Studio HD ULTIMATE*

Videoclips oder Musikvideos sind ein sehr beliebtes Genre, das viel Raum für kreative Ideen lässt. Sie lassen sich relativ einfach produzieren, da die spontanen oder geplanten Videoaufnahmen über einen ausgewählten Musiktitel gelegt werden. Durch den Musikrhythmus wird der Takt vorgegeben, dem der Bildwechsel folgt.

Die Bedeutung der Musikvideos

- *In den 1980er Jahren nahm die Bedeutung von Musikvideos besonders durch reine Musik-Fernsehsender wie MTV stark zu.*
- *Unumstrittener Star dieses ersten Musikfernsehens war MICHAEL JACKSON, der zu dieser Zeit auch ein internationaler Superstar war und das junge Genre „Videoclip" entscheidend prägte.*
- *Das Musikvideo wurde zum Garant für einen Platz in den amerikanischen Musik-Charts. Inhaltlich spiegeln Musikvideos die volle Bandbreite der Populärkultur wider von Konsumverherrlichung bis hin zu gegenkulturellen Strömungen.*
- *Die Hip-Hop-Kultur nutzte Musikvideos als politisches Sprachrohr und prangerte soziale Missstände an.*

Arbeitsanregung

- *Wählen Sie eine Musik aus und bringen Sie eine spontane Band mit Luftgitarre und Luftdrums usw. auf die Bühne. Filmen Sie verschiedene Einstellungen und montieren Sie daraus ein originelles Musikvideo.*
- *Wählen Sie ein weiteres Musikstück aus und bereiten Sie eine umfangreichere Produktion vor:*
- *Für die Produktion eines Musikvideos benötigen Sie:*
  - *einen geeigneten Musiktitel (CD oder MP3),*
  - *Kamera (Camcorder oder Digitalkamera) mit entsprechendem Zubehör, Speicherkarte,*
  - *CD/MP3-Player zum Abspielen des Musiktitels während der Videoaufnahmen,*
  - *Ausstattung, Requisiten usw.*
- *Skizzieren Sie die Handlung, Sequenzen und Einstellungen Ihres Musikvideos in einem Storyboard.*
- *Wählen Sie die Drehorte aus, organisieren Sie die Drehtage und legen Sie die Drehtermine fest.*
- *Filme Sie verschiedene Variationen der festgelegten Sequenzen: synchron (Playback) oder asynchron (Bilder werden über die Musik gelegt).*

- ***Der Videoschnitt und die Nachbearbeitung des aufgenommenen Materials wird mit** Pinnacle® Studio HD Ultimate Collection **vorgenommen.***
- ***Die Länge der Einstellungen eines Musikvideos richtet sich nach dem vorgegebenen Rhythmus des Musikstücks. Dies kann eine sehr schnelle Schnittfolge mit kurzen Bildern zur Folge haben, im Gegensatz zum Schnittrhythmus eines Spielfilms, wie die Grafik verdeutlicht.***

6.3.3 Figurenanimationen – „Brickfilme"

***Figurenanimation:** Legofiguren spielen in sogenannten Brickfilmen die Hauptrolle.*

Für die Produktion einer Figurenanimation benötigen Sie

- *eine Figur aus einer knetbaren Formmasse (Plastilin oder Knetgummi) oder vorgefertigte Figuren (z. B. Lego- oder Playmobilfiguren für sogenannte Brickfilme),*
- *Requisiten und ein „Bühnenbild" (die Studioumgebung), in dem die Figur auftritt,*
- *eine Kamera mit Stativ, zwei bis drei Scheinwerfer für die Ausleuchtung der Szene.*
- *Die Handlung der Videogeschichte wird vor der Aufnahmephase mithilfe eines Storyboards entwickelt und schriftlich geplant.*
- *Die Kamera (auf dem Stativ) wird mit einem statischen Bildausschnitt eingerichtet.*
- *Um Bildwackler zu vermeiden, wird die Kameraposition nicht mehr geändert.*
- *Damit die Bewegungsabläufe im fertigen Video möglichst flüssig erscheinen, wird jeder Bewegungsschritt der Figur mit zwei Einzelbildern aufgenommen.*

Sie können das Plastilin für die Knetfiguren auch selbst herstellen. Sie benötigen dazu:
- *100 g Bienenwachs*
- *300 ml Sonnenblumenöl*
- *Lebensmittelfarbe*
- *500–600 g Tonmehl*

Zubereitung: Im Wasserbad wird das Bienenwachs erhitzt, das Öl dazugegeben und gerührt, bis es sich im Wachs gelöst hat. Mit der Lebensmittelfarbe wird die Masse gefärbt und anschließend in ein anderes Gefäß umgefüllt, zum Schluss wird das Tonmehl eingerührt.

„Brickfilme" nennt man Videokurzfilme, die im Stop-Motion-Verfahren mit Legofiguren und anderem Material erstellt werden. Inzwischen hat sich daraus eine eigene Videoszene entwickelt, die regelmäßig Filmfestivals organisiert und veranstaltet (→ Brickfilmfestival „Steinerei" in Hannover, Hildesheim oder Hamburg → http://janoschasen.de/wp-steinerei/, Aufruf: 07.03.2012).

6.3.4 Stop-Motion

Die Technik ist die gleiche wie bei einer Figurenanimation: Einzelbilder werden aufgenommen und anschließend zu einem fertigen Video zusammengefügt und abgespielt. Objekte, Gegenstände, Möbel oder einfache Bildelemente (Collage) werden für die Produktion eingesetzt. Lässt man die Aufnahme rückwärts laufen, kann dadurch ein besonderer Effekt erzielt werden. Für solche Aufnahmen reicht auch ein digitaler Fotoapparat.

Einzelbilder einer Videoanimation

Arbeitsanregung

Produktion einer Videoanimation

- *Entwickeln Sie eine eigene Figur, mit einem eigenen Charakter und einem bestimmten Aussehen.*
- *Erfinden Sie für diesen Charakter eine kurze Geschichte mit einer entsprechenden Handlung, für die Sie auch eine geeignete Umgebung entwerfen.*
- *Produzieren und bearbeiten Sie diese Geschichte mit Pinnacle® Studio HD ULTIMATE.*
- *Nehmen Sie eine Stop-Motion-Aufnahme im realen Stadtbild auf: Zwei Stühle stehen beispielsweise auf einem Platz und wandern wie von Geisterhand bewegt über den Platz und durch die Straße.*
- *Fotografieren Sie dazu die kleinen Positionsveränderungen der Stühle und fügen Sie die Aufnahmen zu einem Video zusammen.*

6.3.5 Videoreportage

Kurze Videoreportagen sind ein beliebtes Format. Meistens werden diese Kurzfilme in einer Länge von höchstens drei Minuten zu einem Thema produziert. Der dramaturgische Aufbau ist mit einer Zeitungsreportage, die von einem konkreten Anlass („*Aufhänger*") ausgeht, vergleichbar. Auch die Darstellungsmittel sind ähnlich.

Die Elemente einer Videoreportage:

- ***Filmische Beobachtungen*** *mit der Kamera und O-Ton (= Originalton) aus verschiedenen Perspektiven und Blickwinkeln*
- ***Interviews*** *in unterschiedlichen Längen (Spontaninterviews auf der Straße, begleitende Gespräche oder längere Gesprächssituationen)*

Standbilder einer Videodokumentation: *Nahaufnahmen mit Titeleinblendungen (oben), Interviews mit Untertiteln (Mitte) und Kamerabeobachtungen mit Musikuntermalungen, O-Tönen oder Kommentar (unten) sind die bestimmenden Elemente dieses Videobeispiels.*

„Wo immer ein Dokumentarist auftritt, ist er Bestandteil des Medienrummels und filmt eine bereits mediatisierte Wirklichkeit. [...] Sein Film ist kein Abbild der Wirklichkeit, sondern eine persönliche, subjektiv arrangierte These über einen Ausschnitt der Wirklichkeit."

KREIMEIER, 1997, S. 29

- ***Fotos, Grafiken*** *und* ***Texteinblendungen***
- ***Kommentar*** *im Off (= Stimme im Hintergrund)*
- ***Musik*** *als Unterstützung der Stimmung und Aussage in einzelnen Sequenzen*

Die Planung einer Videoreportage:

- ***Inhaltliche Recherche:*** *Alle möglichen Informationen zum Thema werden gesammelt und ausgewertet (Literatur, Tagespresse, Internet usw.)*
- *Beantwortung der* ***Grundfragen: Wer? Wo? Was? Wie und Warum?***
- ***Interviews:*** *Wer sollte zu dem Thema befragt werden?*
- ***Erstellung des Grundkonzeptes:*** *Wie lässt sich das Problem darstellen?*

Der dramaturgische Aufbau einer Videoreportage:

- *Zunächst muss Klarheit über die Grundproblematik der Videoreportage hergestellt werden.*
- *Danach wird der dramaturgische Aufbau geplant und festgelegt.*
- *Die Struktur einer Videoreportage folgt einem vorgegebenen Spannungsbogen:*

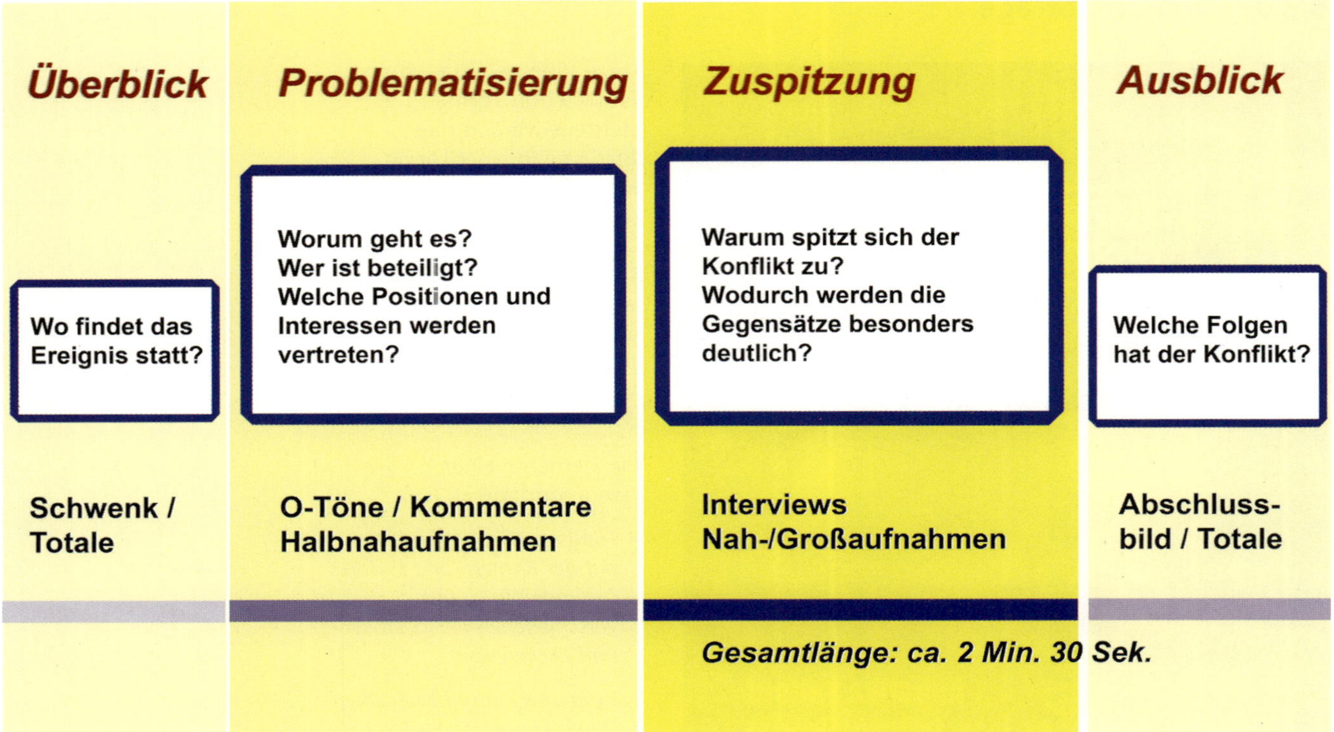

Spannungsbogen einer Videoreportage

- *Die einzelnen Elemente und Sequenzen werden überlegt und geplant.*
- *Der zeitliche Rahmen muss bei der Erstellung des Aufbaus berücksichtigt werden.*

Die Bildmontage und Bearbeitung der Videoreportage:

- *Das Videomaterial wird meistens nicht chronologisch aufgenommen; ebenso gibt es von jeder Sequenz mehrere Einstellungen, sodass zunächst das gesamte Rohmaterial gesichtet werden muss.*
- *Aus dem umfangreichen Videomaterial werden diejenigen Aufnahmen ausgewählt, die für den geplanten dramaturgischen Aufbau geeignet erscheinen.*
- *Danach wird ein Schnittplan mit allen Angaben für die Nachvertonungen, grafischen Einblendungen, Inserts usw. anhand des geplanten Aufbaus erstellt.*
- *Die Sequenz ist die kleinste Einheit der Videoreportage und folgt einer rhythmischen Konstruktion – von der Orientierung zur inhaltlichen Aussage der Sequenz.*

Arbeitsanregung

- *Entwickeln Sie eine Videoreportage von drei Minuten über eine Kunstausstellung in einem Museum der Region. Überlegen und planen Sie die einzelnen Sequenzen und schneiden Sie das Videomaterial mit der Software Pinnacle® Studio HD ULTIMATE.*
- *Einige Überlegungen für die Videoreportage:*
  - *Formulierung der ersten Idee*
  - *Videogenre: kurze Reportage oder längere Dokumentation*
  - *Welche Elemente sollen eingesetzt werden?*
  - *Ist eine Festlegung der Szenen, Sequenzen und Einstellungen möglich?*
  - *Konkrete Planung der Videogestaltung*
  - *Wer soll zum Thema interviewt werden?*
  - *Videokamera und entsprechendes Zubehör organisieren*
  - *Was muss für die Nachbearbeitung schon vor der Aufnahme berücksichtigt werden?*

Technische Hinweise: Das Mikrofon sollte beim Interview immer im gleichen Abstand gehalten werden, um Tonschwankungen zu vermeiden. Die Kamera sollte einige Sekunden vor Beginn des Interviews gestartet und während der Aufnahme möglichst ohne Zoombetätigung geführt werden.

*Anleitungen und Informationen zum Thema Videoschnitt und Nachbearbeitung mit **Pinnacle® Studio HD Ultimate Collection** in BWK, S. 136 ff.*

6.4 Fotografie

Schwarz-Weiß-Fotografie: *Hausfassade in Wien; Berggasse 19*

Die Fotografie ist als fester Bestandteil unseres Alltags zur Selbstverständlichkeit unserer Lebenswirklichkeit geworden. Allzu oft glauben wir das, was Fotografien uns zeigen, und vergessen dabei, dass sie uns nur einen Ausschnitt unserer Welt zeigen können.

Arbeitsanregung

- *Betrachten Sie die abgebildete Fotografie, diskutieren Sie das Zitat und tauschen Sie sich dabei über Ihr Verständnis von Fotografie aus.*
- *Beschäftigen Sie sich mit Ihrer Kamera: Für welches Modell haben Sie sich entschieden? Lesen Sie aufmerksam die Bedienungsanleitung durch. Über welche Speichermedien und Einstellungsmöglichkeiten verfügt die Kamera?*
- *Beginnen Sie mit einfachen Probeaufnahmen: Erkunden Sie mit Ihrem Fotoapparat Ihre nähere Umgebung. Fotografieren Sie Dinge, auf die Sie normalerweise nicht achten würden. Versuchen Sie, diese Details interessant und originell ins Bild zu setzen.*
- *Machen Sie spontane Porträtaufnahmen: Fotografieren Sie eine Person mehrmals in einer interessanten Umgebung und Lichtsituation. Betrachten Sie mit Ihrem Modell die entstandenen Bilder und überlegen Sie zusammen, welche davon charakteristisch sind.*

6.4.1 Gestaltungselemente: Zeit und Blende

Langzeitbelichtung: *Die Personen stehen still, die Bahn rast mit hoher Geschwindigkeit vorbei.*

Wie das menschliche Auge so besitzt auch der Fotoapparat eine **Blende**, mit der das in das Gehäuse der Kamera einfallende Licht gesteuert wird. Je nach Helligkeit wird diese Blende weiter geöffnet oder geschlossen. Die zweite Komponente beim Fotografieren ist die **Aufnahmezeit:** In welcher Zeit wird mit einer bestimmten Blendenöffnung das Bild aufgenommen?

Gestaltungsmittel:

- *Blende:*
  Die Blendenöffnung beeinflusst die Schärfentiefe des Bildes. Der Schärfetiefenraum ist jener Bildraum, in dem die Bildpunkte als scharf abgebildet empfunden werden. Je kleiner die Blende, desto größer ist der Schärfetiefenraum und umgekehrt.

- *Zeit:*
  Bewegungsaufnahme mit langer Belichtungszeit. Während sich die beiden Personen im Vordergrund nicht bewegen und somit scharf abgebildet werden, ist die vorbeifahrende Stadtbahn nur noch als Farbrauchen zu erkennen.

Grundsätzlich gilt:

- ***Je länger die Verschlusszeit, desto kleiner die Blende und umgekehrt.***
- ***Bei einer längeren Verschlusszeit werden Bewegungen unscharf abgebildet.***
- ***Eine kleine Blende vergrößert den Schärfetiefenraum und erhöht die Bildschärfe.***
- ***Eine große Blende eignet sich besonders für Porträtaufnahmen, da durch den kleinen Schärfetiefenraum nicht der Hintergrund, sondern nur die Person scharf abgebildet wird.***

Arbeitsanregung

- *Machen Sie eine Reihe von Porträtaufnahmen. Wählen Sie dafür an Ihrer Kamera eine möglichst große Blende. Achten Sie auch auf die Scharfeinstellung. Wählen Sie bei der Autofokus-Einstellung die Augen als „Messpunkt" für die Einstellung der Schärfe.*
- *Machen Sie ebenfalls eine ganze Reihe von Bewegungsaufnahmen mit einer längeren Belichtungszeit. Benutzen Sie dazu wahlweise auch ein Stativ. Es entstehen dabei „abstrakte" Bilder mit zufällig entstandenen Strukturen, Farben und Formen.*

6.4.2 Das fotografische Thema: Herbststimmungen

Herbstbild

Ein Foto soll möglichst folgende Kriterien erfüllen. Es soll

- *eine Person, einen Gegenstand oder einen Sachverhalt nicht nur einfach abbilden (Technik), sondern*
- *durch seine Gestaltung und seine Aussage eine ästhetische Wirkung auf den Betrachter ausüben und*
- *beim Betrachter Aufmerksamkeit erzeugen und ihn anregen, über die im Foto abgebildete Thematik weiter nachzudenken.*

Arbeitsanregung

- *Wählen Sie für Ihre erste Fotoexkursion als Anlass den Themenbereich Jahreszeit, beispielsweise das Thema Herbst.*
- *Machen Sie dazu sehr unterschiedliche Fotos, die teilweise nachträglich mit dem Bildbearbeitungsprogramm Adobe Photoshop® Elements 9 bearbeitet werden.*

Merksatz
Beim Fotografieren kommt es ganz besonders auf die Beobachtung des Lichtes an:
- ***Steiles Sonnenlicht bedeutet eine geringe Schattenwirkung, flache Ausleuchtung.***
- ***Direktes Seitenlicht bewirkt längere Schatten mit plastischer Ausleuchtung.***
- ***Seitenlicht, tendenziell von vorn, ergibt eine plastische Ausleuchtung mit dynamischer Schattenbildung in Kamerarichtung.***

Die Farben des Herbstes: *Die Vielfalt der bunten Blätter*

Merksatz

Gute Landschaftsbilder hängen von der Perspektive der Kamera, der Positionierung des Horizontes (Bildgestaltung) und den Lichtverhältnissen ab.

Arbeitsanregung

- *Weitere mögliche Themenbereiche: Landschaft, Meer, Stadt/Architektur, Porträt, Stillleben, Reportage/Dokumentation, Arbeitsleben, Kunst/Kultur, Sport, Verkehr, Ruhe, Trauer, Freude*
- *Wählen Sie aus den genannten Themenbereichen für eine fotografische Bearbeitung einen Bereich aus, den Sie mit dem Thema Herbst kombinieren, also beispielsweise Landschaft im Herbst oder Stadtansichten im Herbst. Versuchen Sie, typische Lichtstimmungen fotografisch einzufangen.*
- *Fotografieren Sie Bildmotive, die das Thema Herbst aus einer philosophischen Perspektive darstellen: Herbstmotive als Symbole des Übergangs und der Vergänglichkeit. Bunte Blätter fallen von den Bäumen – der Sommer ist vergangen usw.*

6.4.3 Lichtexperimente: Nachtbilder und Lichtzeichnungen

Was man braucht

- *Eine Kamera, die Langzeitbelichtungen ermöglicht*
- *Ein Stativ für verwacklungsfreie Aufnahmen*
- *Für Lichtgraffiti: Kleine Taschenlampe oder Leuchtstab („Knicklicht")*

Nachtaufnahme einer Großbaustelle

Nachtbilder

Die Baustelle bei Nacht wurde mit einer Langzeitbelichtung aufgenommen. Dazu muss man die Kamera auf ein Stativ montieren und entsprechend lange belichten.
Die Abbildung hat folgende Einstellungen:

- Lichtempfindlichkeit: ISO 400
- Blende: 8
- Belichtungszeit: 1,3 Sekunden
- Brennweite: 41 mm

Man sollte bei solchen Aufnahmen immer mit mehreren Belichtungseinstellungen experimentieren. Die gewünschten Zieheffekte von beweglichen Lichtern sind nur mit einer möglichst langen Belichtungszeit (fünf Sekunden und mehr) zu erzielen.

Luminogramme („Lichtgraffiti")

Leuchtspuren im Raum – Lichtzeichnungen werden jene Bilder mit hellen dünnen Linien auf meistens schwarzem Grund genannt.
Die Technik dieser Luminogramme ist nicht schwer:

- Während des Zeichnens mit der kleinen Lichtquelle bleibt der Verschluss der Kamera, die auf einem Stativ befestigt ist, geöffnet.
- Ein besonderer Clou ist, wenn zu den abgebildeten Lichtspuren auch die zeichnende Person im Bild zu sehen ist. In diesem Fall muss während der Langzeitbelichtung noch ein Blitz gesetzt werden.
- Als „Zeichenstift" für die Lichtzeichnung eignet sich eine kleine Taschenlampe oder ein Leuchtstab (Knicklicht).
- Die Kamera sollte auf eine geringe Lichtempfindlichkeit und eine kleine Blende eingestellt werden.

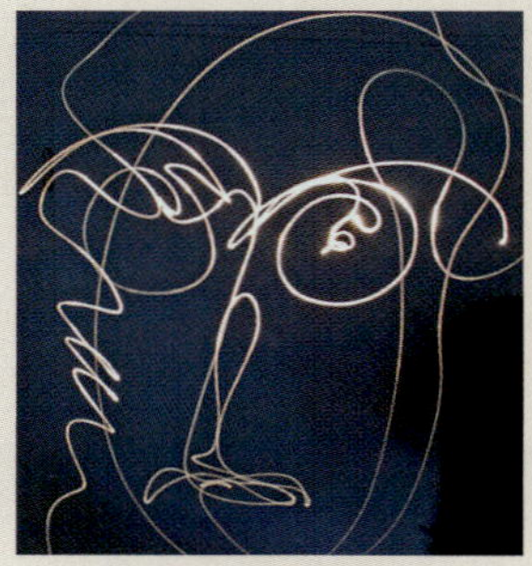

Lichtgraffiti

Fotogramme

Fotogramm: Das Bild ist ohne Kamera entstanden.

Eine besondere Form der „Bilder ohne Kamera" sind Fotogramme, für die eine herkömmliche Dunkelkammer notwendig ist. Fotogramme werden folgendermaßen hergestellt:

- *Das Fotopapier wird so in die **Entwicklerschale** gegeben, dass die Entwicklerflüssigkeit (20 °C) das gesamte Fotopapier bedecken kann. Mit der Fotoklammer wird das Bild vorsichtig bewegt und umgedreht. In der Regel ist das Foto nach zwei Minuten vollständig entwickelt.*
- *Danach wird das Foto in das **Stoppbad** gegeben und kurz abgespült.*
- *Anschließend wird das Foto in das **Fixierbad** gegeben. Hier liegt das Fotopapier mit der Bildseite nach unten etwa fünf bis zehn Minuten.*
- *Zum Schluss muss das Foto noch gewässert und getrocknet werden.*

Arbeitsanregung

- *Richten Sie eine provisorische analoge Dunkelkammer ein. Stellen Sie Bilder ohne Kamera – Fotogramme – her: Ordnen Sie unterschiedliche Gegenstände (Knöpfe, Werkzeuge, geriffelte Glasplättchen usw.) auf dem Fotopapier an und belichten Sie dieses kurz. Entwickeln, fixieren und wässern Sie anschließend die belichtete Aufnahme. Die entstandenen Fotogramme sind gekennzeichnet durch die grafische Wiedergabe der abgebildeten Gegenstände.*

Mehr zum Thema Fotografie in KH, S. 168 ff.

Checkliste für die Arbeit mit langen Belichtungszeiten

- *Kamera mit manueller Belichtungseinstellung (Verschlusszeit und Blende)*
- *Stativ, Drahtauslöser*

6.4.4 Das fotografische Thema: Gegensätze und Kontraste

Mit dem Blick durch die Kamera nimmt man bewusst Formen und Farben von Gebäuden, Häusern und Fassaden, Situationen und Menschen, aber auch kuriosen, unmöglichen oder besonders gelungenen Dingen wahr, oftmals auch direkt auch nebeneinander.

Porträt mit starken Schwarz-Weiß-Kontrasten

Arbeitsanregung

- *Erweitern Sie die folgende Liste möglicher Kontraste:*
  - *Unerwartete Farbgebung*
  - *Auffällige Formen*
  - *Gleichzeitigkeit von gegensätzlichen Formen*
  - *Oberflächenkontraste*
  - *Umgebungskontraste*
  - *Nutzungskontraste*
  - *Kontextirritationen*
  - *Situationskontraste*
  - *...*

Umgebungskontrast: *Eiswerbung im Winter*

Arbeitsanregung

- *Planen Sie beispielsweise einen Fotoausflug durch ein Stadtviertel. Informieren Sie sich vorher, welche Gebäude eine auffällige Architektur aufweisen und Ihnen für eine Fotoserie als besonders interessant erscheinen.*
- *Fotografieren Sie die Gebäude in unterschiedlichen Perspektiven und Lichtsituationen. Versuchen Sie immer, gegensätzliche Motive mit in den Blick zu nehmen.*

6.4.5 Farbe oder Schwarz-Weiß?

Die Software **Adobe® Photoshop® Elements 10** ist für die kreative Bildbearbeitung mit zahlreichen Möglichkeiten ausgestattet: Beispielsweise lassen sich farbige und schwarz-weiße Elemente in einer Fotografie mit diesem Programm kombinieren.

Kombination von Farbe und Schwarz-Weiß in einer Fotografie.

Dieser Effekt lässt sich folgenden Schritten herstellen:

- *Eine geeignete Digitalfotografie wird geladen, kopiert und gespeichert.*
- *Mit dem **Schnellauswahlwerkzeug** wird ein bestimmter Bereich des Bildes markiert.*
- *Der **ausgewählte Bildbereich** wird bearbeitet. Helligkeit und Kontrast werden korrigiert, bzw. eingestellt.*
- *Schließlich wird der ausgewählte Bildbereich in Schwarz-Weiß konvertiert (Menüleiste: **Überarbeiten → In Schwarz-Weiß konvertieren**).*
- *Die bearbeitete Fotografie wird mit einem neuen Dateinamen versehen und gespeichert.*

Arbeitsanregung

Porträts in Farbe oder Schwarz-Weiß?

- *Machen Sie eine Reihe von Porträtaufnahmen.*
- *Bearbeiten Sie die Aufnahmen mit Adobe® Photoshop® Elements 9 (Helligkeit, Kontrast, Schärfe).*
- *Konvertieren Sie die Fotos in Schwarz-Weiß.*
- *Wählen Sie gelungene Porträts aus und skalieren Sie die Aufnahmen entsprechend für eine Vergrößerung (beispielsweise im Format 20 x 30 cm).*

***Adobe® Photoshop® Elements 10**, Systemvoraussetzungen:*

- *Prozessor mit mindestens 1,6 GHz*
- *Microsoft® Windows® XP mit Service Pack 3, Windows Vista® oder Windows 7*
- *1 GB RAM (2 GB für HD-Videofunktionen)*
- *4 GB freier Festplattenspeicher (zusätzlicher Speicher während der Installation erforderlich)*
- *Farbmonitor mit 16-Bit-Grafikkarte*
- *1024 x 576 Punkt Monitorauflösung*
- *Mit Microsoft DirectX 9 kompatibler Grafikkartentreiber*
- *DVD-ROM-Laufwerk*

6.5 Öffentlichkeitsarbeit

„Die Idee ist gut – jetzt muss sie nur noch jeder kennen"

Öffentlichkeitsarbeit wird als eine Kunst verstanden, ein Produkt oder die Aufgaben und Ziele einer Institution durch medialen Einsatz, etwa durch Fotos und Artikel in Zeitungen, darzustellen und somit zu einer positiven Wahrnehmung durch eine bestimmte Gruppe zu verhelfen – kurz: Öffentlichkeitsarbeit ist als **Management von Kommunikation** zu bezeichnen. Öffentlichkeitsarbeit zielt darauf ab,

- *ein langfristiges Bild von Beständigkeit, Verlässlichkeit und Vertrauen beispielsweise einer Institution in der Öffentlichkeit zu verankern,*
- *eine Institution auch in Konfliktsituationen als handlungskompetent erscheinen zu lassen, sodass ein Bild der Glaubwürdigkeit entsteht.*

Entgegen der Meinung, Engagement sei zwar gut und wichtig, habe aber im Verborgenen zu geschehen, geht Öffentlichkeitsarbeit methodisch vielmehr von dem Satz „Tue Gutes und rede darüber" aus.

- *Öffentlichkeitsarbeit ist keine Werbung, die direkt auf ein Produkt, eine Idee oder eine Institution offensichtlich und direkt hinweist.*
- *Öffentlichkeitsarbeit möchte durch eine glaubwürdige Berichterstattung über einen längeren Zeitraum hinweg ein möglichst positives Bild erzeugen, damit in der öffentlichen Wahrnehmung langfristig die mit dem Bild kommunizierten Werte assoziiert werden.*

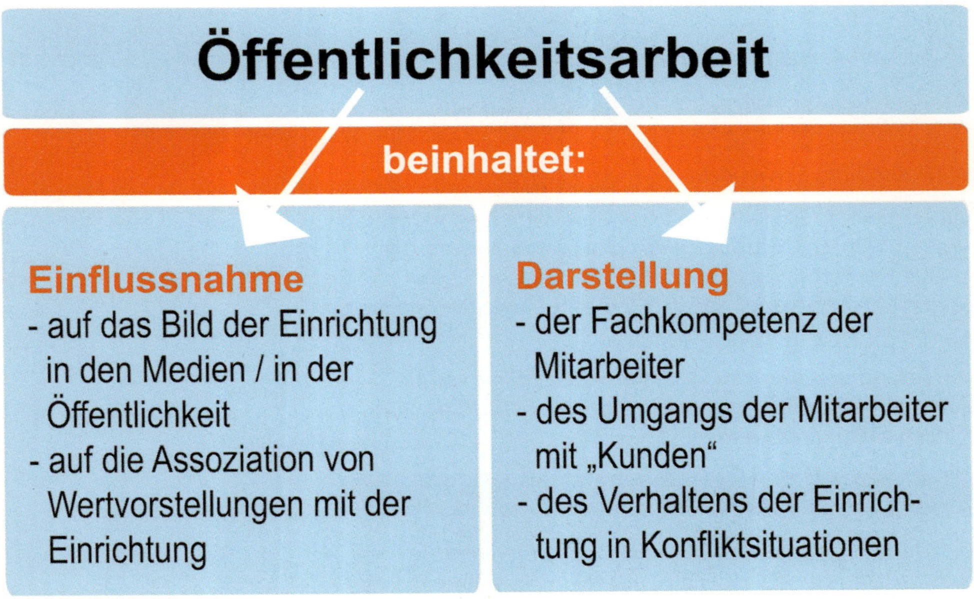

Handlungsebenen der Öffentlichkeitsarbeit

„Gehört wird, wer was zu sagen hat. Das Erscheinungsbild einer Schule muss gestaltet und gepflegt werden. [...] Zu den externen PR-Instrumenten gehören beispielsweise die Pressearbeit, der Flyer oder die Schulbroschüre und die Website. Dabei kann auch eine einheitliche Linie (zum Beispiel ein Logo) festgelegt werden."

PETERS, 2008, S. 10 f.

Arbeitsanregung

- *Öffentlichkeitsarbeit ist Management von Kommunikation: Beschreiben Sie, was damit genau gemeint ist.*
- *Warum ist es heute für viele Institutionen und Betriebe wichtig, Öffentlichkeitsarbeit zu betreiben? War es früher nicht so wichtig?*
- *Wodurch unterscheidet sich Öffentlichkeitsarbeit im sozialen Bereich von der Öffentlichkeitsarbeit in der Wirtschaft?*
- *Überlegen Sie, mit welchen Medien Sie die Öffentlichkeitsarbeit Ihrer Schule unterstützen würden.*
- *Erarbeiten Sie einen kurzen Videofilm (ca. fünf Minuten) für Ihre Schule. Das Video-Porträt sollte folgende Aspekte enthalten:*
  - *Wo liegt die Schule?*
  - *Wie ist das Profil der Schule? Welche Ausbildungsgänge werden angeboten?*
  - *Wie ist die Atmosphäre an der Schule?*
  - *Warum sollte man gerade diese Schule besuchen?*

6.6 Corporate Design

Mit Corporate Design bezeichnet man das Erscheinungsbild eines Unternehmens oder einer Institution. Zum Corporate Design gehört die Gestaltung

- *des Firmenlogos,*
- *der Geschäftspublikationen, Werbemittel und Geschäftspapiere,*
- *der Website der Firma,*
- *der Produktgestaltung,*
- *der Architektur.*

Es geht beim Corporate Design um

- *eine möglichst dauerhafte Präsenz nach außen,*
- *einen großen Wiedererkennungseffekt beim Betrachter.*

Um dieses Ziel erreichen können, müssen die einzelnen Elemente des Corporate Designs einheitlich gestaltet werden:

- *Die **Firmenfarbe** wird dominant in der Werbe- und Produktgestaltung verwendet.*
- *Das **Firmenlogo** taucht in allen Kommunikationsmedien auf – beispielsweise auf der Internetseite oder auf den Briefköpfen.*
- *Es wird eine einheitliche **Schriftart** (Hausschrift) verwendet.*

Dieses Ziel der Wiedererkennbarkeit und die optische Präsenz des Corporate Designs wird nur dann bei allen Beteiligten akzeptiert werden, wenn auch ein praktischer Nutzen der einzelnen Elemente vorhanden ist. Eine Hausschrift beispielsweise, die nicht gut lesbar erscheint, wird nicht akzeptiert. Ebenso wird ein Logo, das sich schlecht vervielfältigen lässt, nicht benutzt.

Die einzelnen Elemente des Corporate Designs stellen eine gestalterische Leitlinie für die verschiedenen Kommunikationsmedien dar. Sie sollten immer als Hilfe zur Gestaltung und weniger als Beschränkung eigener Ideen verstanden werden.

Suche nach dem entsprechenden Logo für das Corporate Design

Arbeitsanregung

- *Suchen Sie im Internet nach bekannten Firmen oder Institutionen. Betrachten und analysieren Sie deren Internetauftritte. Untersuchen Sie die Elemente des Corporate Designs und schätzen Sie den Grad der Wiedererkennbarkeit ein.*
- *Besuchen Sie die Website Ihrer Stadt und beurteilen Sie das Corporate Designs dieses Internetauftritts. Wie sind einzelnen Elemente gewählt worden?*
- *Versetzen Sie sich in die Situation einer Agentur für visuelle Kommunikation: Entwickeln Sie Gesichtspunkte für ein Corporate Design Ihrer Schule. Schreiben Sie einen Katalog mit Gestaltungspunkten auf, die Ihrer Meinung nach umgesetzt werden müssten.*
- *Entwerfen Sie für Ihre Schule ein Logo mit einer passenden Grundfarbe. Wo müsste Ihrer Meinung nach dieses Corporate Design im Schulgebäude präsentiert werden?*
- *Diskutieren Sie die Frage: Corporate Design und einheitliche Gestaltung – optische Wiedererkennung oder visuelle Überfrachtung?*
- *Entwerfen Sie für folgende Institutionen ein Corporate Design:*
  - *die Stadtbibliothek*
  - *Kindertagesstätte Pusteblume*
  - *ein Freibad*
  - *Fußballclub FC Waldhausen*
  - *usw.*
- *Warum ist Corporate Design wichtig? Vielleicht geht es auch anders! Schreiben Sie die Pro- und Kontra-Punkte auf und nehmen Sie dazu begründet Stellung.*
- *Diskutieren Sie die Beziehung zwischen Öffentlichkeitsarbeit und einem guten Corporate Design.*

6.7 Werbung

Werbung ist mehr als Reklame, die mit lauten optischen Reizen auf sich aufmerksam machen will. Werbung ist Kommunikation, bei der visuelle und auditive Mittel planmäßig eingesetzt werden, um den Adressaten zu veranlassen, freiwillig ein bestimmtes Produkt zu kaufen oder eine bestimmte Idee zu unterstützen und das als sinnhaft Erlebte weiterzutragen. Das Motiv der Werbung ist der Verkauf einer Ware; erst dann kommt das ästhetische Interesse.

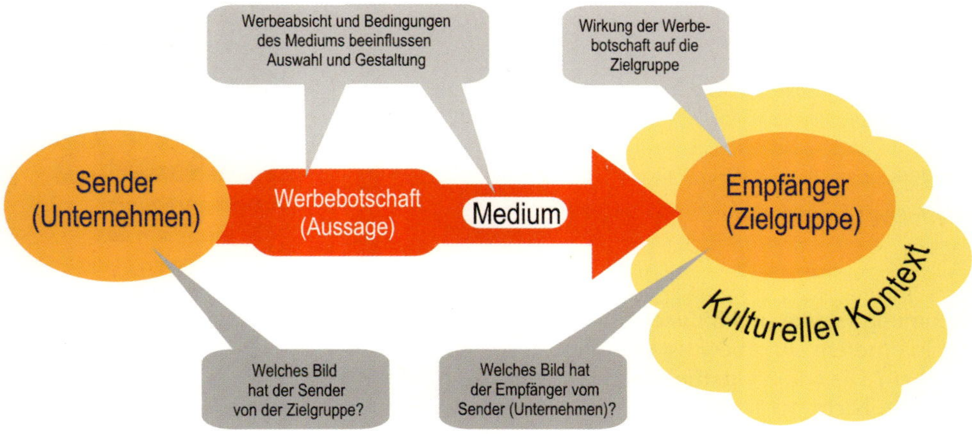

Kommunikationsmodell der Werbung

Werbung ist eine besondere Form der Kommunikation

Wie bei jeder anderen Form der medialen Kommunikation (Gespräch oder Film) gelten auch in der Werbung dieselben Gesetzmäßigkeiten. Werbung hat immer einen Auftraggeber, der durch die Werbung ein Ziel erreichen möchte. Die Kunst der Werbung ist es, den „Kommunikationspartner" in einen Kunden zu verwandeln. Insofern ist Werbung abhängig von der Bereitschaft des Adressaten, sich auf die vermittelte Botschaft einzulassen. Für die Werbung bedeutet das, dass sie stets darum bemüht sein muss, die Zielgruppe zu erreichen, Aufmerksamkeit und Interesse bei ihr zu erzeugen (*Attention* und *Interest*). Dazu ist es wichtig, die Adressaten und ihre jeweilige Lebensweise sehr gut zu kennen.

Werbung gliedert sich in:

- ***Wirtschaftliche Werbung*** *für bestimmte Produkte*
- ***Politische Werbung*** *für politische Parteien*
- ***Kulturelle Werbung*** *für Konzerte, Filme usw.*
- ***Nonprofit-Werbung*** *als Aufforderung zum Spenden*

Welcher Werbetext passt zu dieser Abbildung?

Arbeitsanregung

- *Das Verhältnis von Text und Bild in der Werbebotschaft: Welchen Text würden Sie in diese Werbung für die Freiwillige Feuerwehr einfügen? Erfinden Sie geeignete Textbeispiele.*

Die Sprache folgt in der Werbung besonderen Regeln. Werbetexte sind

- ***kurz und einfach*** *und nicht kompliziert,*
- ***aussagekräftig*** *und nicht langweilig oder sehr sachlich,*
- ***sehr strukturiert*** *und nicht ausschweifend oder ohne einen roten Faden.*

Um die Aufmerksamkeit zu steigern, versuchen Werbetexter, mit ihren Formulierungen nicht nur sachliche Informationen zu vermitteln, sondern immer auch die emotionale Seite der potenziellen Käufer anzusprechen, indem sie Träume und Wünsche thematisieren, beispielsweise mit folgenden Wortverbindungen:

- ***traumhaftschön***
- ***federleicht***
- ***seidenweich***
- ***glasklar***

oder mit verfremdeten Redewendungen:

- *„Man muss die Preise feiern, wie sie fallen."*

Arbeitsanregung:
- *Sehen Sie sich das Werbefoto an*
- *und entwerfen Sie unterschiedliche Werbebotschaften, die zu diesem Foto passen könnten.*
- *Welcher Slogan wäre jeweils geeignet?*

Werbetheorien

Werbung beeinflusst unsere Wahrnehmung. Starke und oft wiederholte Reize werden von uns deutlicher wahrgenommen und in unserem Unterbewusstsein gespeichert. Wie aber wirkt Werbung genau auf den Menschen? Die **Ganzheitstheorie** geht davon aus, dass die Werbebotschaft in ihrer Gesamtheit wirkt. Nicht der Blickfang oder die Wiederholung sei entscheidend, sondern die Summe aller sinnlichen Reize zusammen wirken auf den Adressaten.

Dagegen geht die **Stufentheorie** von einer besonderen Abfolge der Wahrnehmung aus, dem sogenannten **AIDA-Modell:**

A **Attention** *(Aufmerksamkeit erzeugen)*
I **Interest** *(Interesse hervorrufen)*
D **Desire** *(Kaufwunsch wecken)*
A **Action** *(Das Produkt kaufen)*

- ***Ein „Claim" (engl. = Slogan) ist eine kurze, prägnante Ergänzung zum Namen des Unternehmens. Er verdeutlicht das Produkt- oder Markenversprechen, das mit dem Namen verbunden ist.***

Arbeitsanregung

- *Suchen Sie einen geeigneten Claim für Ihre Schule.*
- *Entwickeln Sie für eine sozialpädagogische Institution eine interessante Werbekampagne. Entwerfen Sie zur Grundidee mehrere Varianten und führen Sie die besten Konzepte aus (Entwurf am Computer).*
- *Übung zur Sprache der Werbung: Sammeln Sie Werbetexte und untersuchen Sie den Sprachgebrauch. Welche bildhaften Vergleiche beispielsweise haben Sie gefunden?*

6.8 Printmedien gestalten – Layout

Mit Layout (engl. = Plan, Entwurf) bezeichnet man die Gestaltung von gedruckten oder elektronischen Publikationen. Texte und Abbildungen werden so angeordnet, wie sie später im Druck oder als Website erscheinen sollen. Das Layout bezieht sich immer auf das Corporate Design.

- *Der Begriff Layout bezieht sich also nicht ausschließlich auf Printmedien, sondern auch auf elektronische Medien.*
- *Das Layout soll dazu beitragen, dass es Unternehmen und Firmen gelingt, ein oder mehrere individuelle Merkmale zu präsentieren. Dabei geht es darum, den Charakter eines Unternehmens und auch die Firmenphilosophie vorteilhaft darzustellen.*

Drei Phasen des Layouts

- Die Arbeit beginnt mit dem **Groblayout**: In einem Brainstorming wird mithilfe von Skizzen versucht herauszufinden, wie die Gesamtstruktur angelegt werden könnte.
- Im **Zwischenlayout** werden erste Details in den vorläufigen Entwurf eingezeichnet.
- In das **Feinlayout** schließlich werden alle Einzelheiten eingefügt und miteinander verknüpft. Die Fachleute sagen, das Layout werde jetzt „gefinisht", d. h., die Vorlage wird jetzt produktionsfertig.

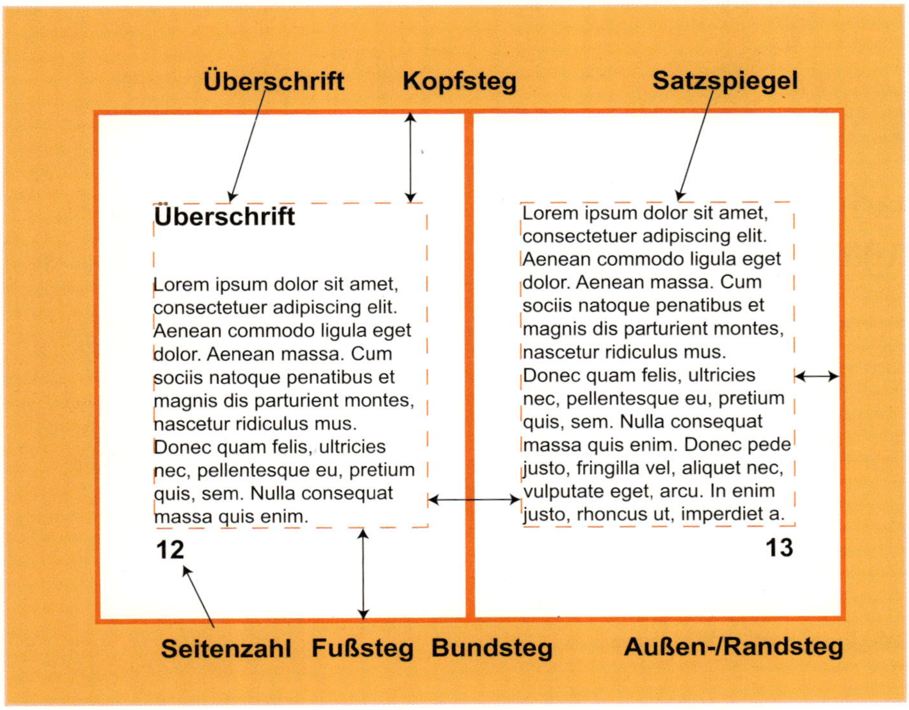

Das Layout der Doppelseite eines Buches

Software

Das Layout wird mit einer vektorbasierten Software erstellt. Besonders geeignet sind dafür folgende Programme:
- *Microsoft® Office Publisher*
- *Adobe® InDesign®*
- *Adobe® Illustrator® CS5*
- *Adobe® Acrobat X® (für die Herstellung der Druckvorlage)*

Arbeitsanregung

- *Nehmen Sie verschiedene Bücher zur Hand und betrachten Sie das jeweilige Layout. Untersuchen Sie die einzelnen gestalterischen Elemente des Layouts.*
- *Nehmen Sie ein großes Blatt Papier zur Hand und skizzieren Sie frei mit dem Bleistift das Schema eines Layouts für ein Faltblatt (z. B. zum Tag der offenen Tür).*
- *Skizzieren Sie ebenfalls mit dem Bleistift ein Plakat, das besonders von der Verwendung unterschiedlicher Typografie lebt. Setzen Sie Schriften in verschiedenen Größen und Farben ein und denken Sie daran: Weniger ist mehr!*

Regeln für ein gutes Layout

Unterschiedliche Faktoren bestimmen das Gelingen eines Layouts. Folgende Aspekte sollten bedacht werden:

- *Der visuelle Charakter eines Layouts wird durch das gesetzte Thema bestimmt. Beispielsweise ist bei einer Sportzeitschrift das Layout anders gesetzt als bei einer Kunstzeitung. Die Anordnung der Texte und Bilder unterstützt die jeweilige Botschaft.*
- *Das richtige Format muss gewählt werden, um eine ausgewogene Anordnung von Bild und Text zu ermöglichen.*
- *Die Schriftart sollte so gewählt werden, dass die Typografie zum Thema passt: Serifenschriften (Antiqua) wirken konservativer als serifenlose Schriften (Grotesk).*
- *Wiederkehrende Elemente (Kopfzeile, Titel, Seitenzahl) sollten stets an gleicher Position auftauchen.*
- *Das Layout sollte einen Blickfang in der oberen Hälfte der Seite haben.*

www.nw-news.de

Heute mit NWplus

NW

Neue Westfälische

Bielefelder Tageblatt

MO/MW

Mittwoch, 1. Dezember 2010 — UNABHÄNGIG – ÜBERPARTEILICH — Nr. 280/48, 200. Jahrgang – 1,20 EUR

Lokales: Integrationspreis für die Grimm-Grundschule

Das Wetter für Bielefeld

-7° -9° 2 Std. 60 %

Der Stadtneurotiker wird 75

»Es gibt nichts Komisches am Altern, außer für die anderen.« Woody Allen

Blickt gewöhnlich skeptisch auf Leben und Menschen: *Der amerikanische Filmregisseur Woody Allen.*

Wichniarek-Berater spricht mit Lienen

Biathletin Gössner als Hoffnungsträgerin

Der lange Weg zum Bio-Bauern

Thyssen-Krupp hakt die Krise ab

BMW feiert seine Wiederauferstehung

Land geht auf arme Kommunen zu

Die *schräge* Meldung

Kachelmann wechselt Verteidiger aus

Geißler macht den Weg für Stuttgart 21 frei

Schlichter fordert Nachbesserungen bei Bahnhofsprojekt

Milliardenkosten

Wikileaks plant neuen Coup

Staatsanwalt sucht Informanten

Demenz wird zur Volkskrankheit

Prognose sieht Zahl der Altersverwirrten in Deutschland 2060 bei 2,5 Millionen

Weg von der Minutenpflege

Wilde Schweinerei

Borstenvieh landet häufiger auf dem Teller als Reh

So erreichen Sie uns

Layout einer Zeitungsseite: Titelseite der „Neuen Westfälischen" vom 1. Dezember 2010

Im Laufe der Zeit haben sich verschiedene Zeitungsformate herausgebildet: beispielsweise das nordische, rheinische oder Berliner Zeitungsformat. Damit bezeichnet man die Größe einer nicht aufgeschlagenen Zeitung: Breite mal Höhe. Einige Beispiele (Nordisches Format):

- *Süddeutsche Zeitung (371 × 528 mm)*

Rheinisches Format:

- *Neue Osnabrücker Zeitung (318 × 487 mm)*

Berliner Format:

- *Kölner Stadt-Anzeiger (285 x 430 mm)*

Sonderformate

- *New York Times (305 × 585 mm)*

- Eine sogenannte weiche Nachricht
- Schlagzeile oberhalb der Knickkante
- Aufmacher-Text: eine sogenannte harte Nachricht
- Aufmacher-Foto mit einer Nachricht aus dem Kulturbereich
- Der rote Balken unterhalb des Zeitungstitels enthält das Datum und nähere Angaben zur aktuellen Ausgabe der Zeitung.
- Kontakt zur Redaktion der Zeitung
- Verschiedene Schlagzeilen mit Kurzmeldungen
- Verweis auf die Lokalseite der Zeitungsausgabe
- Spaltenlinien
- Wettervorhersage

Arbeitsanregung

- *Das Layout einer Zeitungsseite ist eine komplexe Gestaltung. Skizzieren Sie auf einem DIN-A2-Blatt ein Grundmuster für das Layout einer Zeitungsseite, die von der üblichen Gestaltung abweicht.*
- *Diskutieren Sie, ob Ihr Entwurf ansprechend und praktisch ist.*
- *Probieren Sie am PC mit dem Textverarbeitungsprogramm Microsoft® WORD 2010 verschiedene Einstellungen aus: Seitenränder, Zeilenabstände, Typografien, Kopf- und Fußzeilen. Erstellen Sie eine Formatvorlage für einen längeren Text (Hausarbeit).*

6.8.1 Logos

Das Wort Logo stammt aus dem Griechischen und bedeutet Wortbestandteil oder sinnvolles Wort. Das Logo stellt ein knappes, einprägsames Erscheinungsbild einer Einrichtung dar. Es sollte positiv, ansprechend und einprägsam wirken, die Einrichtung repräsentieren und einen hohen Wiedererkennungswert besitzen. Insofern ist es ist ein Teil des Corporate Designs.

Beim Entwerfen eines Logos sollte man Folgendes berücksichtigen:

- ***Ein Logo zeichnet sich immer durch eine besondere Klarheit aus.***
- ***Die Formen sind reduziert auf wesentliche Merkmale, die für die Bedeutung des Genannten bezeichnend sind.***
- ***Außerdem sind eine klare, kontrastreiche Zeichnung und eine einfache und ansprechende Typografie wesentlich.***

Weitere Logo-Variationen

***Beispiel:** Ein Logo für das Kunstprojekt „KunstStation W."*

Arbeitsanregung

- *Sehen Sie sich das oben abgebildete Logo-Beispiel an und diskutieren Sie in der Gruppe den Zusammenhang zwischen Form und Inhalt dieser Zeichen.*
- *Suchen Sie in der Zeitung oder in Werbebroschüren Logos unterschiedlicher Institutionen und bewerten Sie deren Gestaltung.*
- *Nehmen Sie sich einen Zeichenblock für eine kurze Fingerübung zur Hand: Stellen Sie sich vor, Sie sollten ein Logo für einen der folgenden Begriffe entwerfen: Empathie, Gemeinsinn, Kommunikation, Nachbarschaftstreffen.*
- *Entwerfen Sie für eine fiktive oder reale Institution oder Einrichtung ein Logo. Beschäftigen Sie sich vorher genau mit den charakteristischen Merkmalen des jeweiligen Arbeitsfeldes und beginnen Sie dann mit den Skizzen. Reduzieren Sie in einem zweiten Arbeitsschritt die Zeichnung auf eine möglichst einfache, aber unverkennbar mit dem Adressaten verbundene Form. Denken Sie auch an die Verwendungsmöglichkeiten des Logos, Wiedergabe in Farbe und Schwarz-Weiß.*
- *Entwerfen und zeichnen Sie ein Logo für einen besonderen Anlass als Vektorgrafik. Entwickeln Sie das Logo ausschließlich aus geometrischen Zeichen und Schriftelementen.*

6.8.2 Faltblätter

- Unter diesem Begriff versteht man eine kleine Broschüre, die aus einem dreiteilig gefalteten DIN-A4-Blatt besteht.
- Faltblätter sind ein beliebtes Format zwischen Plakat und ausführlicher Hintergrundinformation auf einer umfangreichen Website oder Broschüre.
- Ein Faltblatt sollte optisch ansprechend gestaltet sein, um wahrgenommen zu werden.
- Text und Bild sollten in einem harmonisch abgestimmten Verhältnis zueinander eingesetzt werden. Auch hier gilt der Satz: Weniger ist mehr!
- Bei der Auswahl der Schrift ist auf eine gute Lesbarkeit zu achten. Es sollten nicht mehr als zwei verschiedene Schrifttypen, maximal drei verschiedene Schriftgrößen (Haupt- und Zwischenüberschriften und Text) eingesetzt werden.
- Die insgesamt sechs schmalen Seiten im Format 21 x 9,5 cm sind in der Regel in dieser Reihenfolge inhaltlich strukturiert:

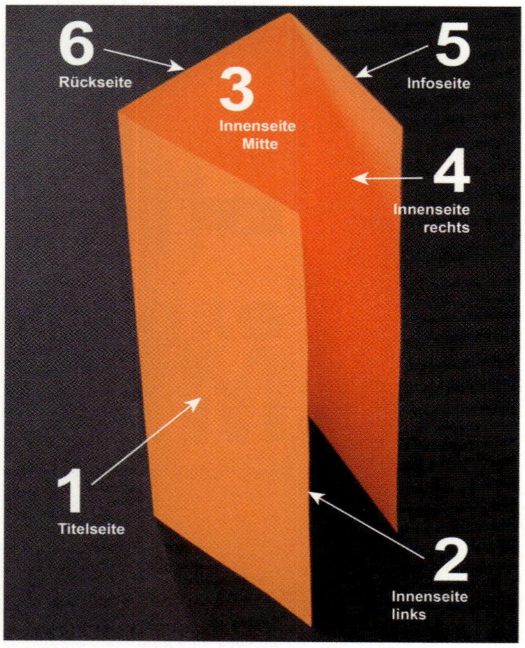

Struktur des Layouts eines sechsseitigen Faltblattes:
Außenseiten und Innenseiten

- *Außenseiten:*
  4 Infoseite
  Organisatorische Hinweise zur Veranstaltung, Gebühren, Anmeldung usw.
  6 Rückseite
  Anschrift, Telefon, E-Mail, Website, Hinweise zur Anfahrt, Lageplan/Stadtplanausschnitt
  1 Titelseite
  Vorstellung des Themas, Thematische Abbildung, Logo (des Veranstalters)
- *Innenseiten:*
  2 Inhaltliche Erläuterung
  Hintergrundtext: Hinführung und Beschreibung des thematischen Schwerpunktes
  3 Inhaltliche Erläuterung
  Organisatorisches: Vorstellung von Vorträgen, Kursen oder Workshops zum Rahmenthema
  4 Inhaltliche Erläuterung
  Hintergrundtext: Beschreibung des Kontextes

Ein Faltblatt mit Microsoft® Publisher erstellen

- *Das Programm bietet zahlreiche Vorlagen zur Erstellung von Faltblättern.*
- *Das Layout kann problemlos dem jeweiligen Thema angepasst werden.*
- *Umwandlung in ein PDF-Dokument mit Adobe® Acrobat® X PRO*

Arbeitsanregung

- *Sammeln Sie Faltblätter verschiedener Institutionen und Einrichtungen. Analysieren Sie die Gestaltung (Layout), die inhaltliche Aussage und den Informationswert. Inwiefern unterstützt die Gestaltung die thematische Absicht? Werden die Informationen ansprechend und deutlich erkennbar vermittelt?*
- *Entwerfen Sie ein Faltblatt für eine Einrichtung oder eine besondere Veranstaltung. Machen Sie sich zunächst mit dem Bleistift mehrere Skizzen, um das Layout zu probieren.*

Arbeitsanregung

- *Überlegen Sie genau, welche Abbildungen Sie für dieses Faltblatt brauchen. Machen Sie zu Ihrem Thema Fotos und bearbeiten Sie diese mit dem Programm Adobe® Photoshop® Elements 9.*
- *Erarbeiten Sie das Layout des Faltblattes am PC mit dem Programm Microsoft® Office Publisher 2010 und legen Sie die Vorlage als PDF-Datei an.*

6.8.3 Flyer und Postkarten

Flyer und Postkarten: *Beispiel Aktionspostkarte*

Flyer (engl. = Flieger):

Für kleinere Werbebotschaften und Ankündigungen zu aktuellen Anlässen werden Handzettel oder Flugblätter, sogenannte Flyer, manchmal auch in Postkartengröße, hergestellt.

- Flyer haben meistens das Format DIN A6 (= 105 x 148 mm).
- Auf der Vorderseite wird in plakativer Form (Text- und Bildkomposition) die eigentliche Botschaft vermittelt.
- Details und weitere Informationen sind auf der Rückseite zu finden.

Postkarten:

Auch im Zeitalter von E-Mail, SMS oder anderen Kurzmitteilungen erfreut sich die Postkarte einer wachsenden Beliebtheit – mit gewandelter Verwendung dieses Mediums. Format: DIN A6 (= 105 x 148 mm) oder DIN LANG (= 100 x 210 mm). Die traditionelle Ansichtsportkarte („*Schöne Grüße aus ....*") hat sich in ein kleinformatiges Plakat mit politischen, künstlerischen oder kulturellen Botschaften gewandelt und ist als *Give away* gern gesehen.

Arbeitsanregung

- *Sehr oft werden Postkarten kostenlos angeboten. Sammeln Sie verschiedene Beispiele und vergleichen Sie die gestalterischen Absichten dieser Postkarten: Werden die inhaltlichen Aussagen durch die eingesetzten Mittel unterstützt? Passen Text und Bild gut zusammen? Ist die Typografie richtig gewählt und verwendet worden?*
- *Vergleichen Sie Ansichtskarten und Karten mit einer inhaltlichen Botschaft miteinander. Überlegen Sie, wie man Ansichtskarten origineller und frischer gestalten könnte.*
- *Warum ist die Postkarte heute immer noch ein beliebtes Medium? Wie hat sich der Gebrauch dieses Mediums geändert?*
- *Gestalten Sie einen Flyer für eine besondere Veranstaltung. Überlegen und skizzieren Sie, wie Sie Bild und Text prägnant einsetzen können.*
- *Konzipieren Sie eine Serie von vier Postkarten zu einem gewählten Thema.*

TIPP: *Wo kann man Flyer und Postkarten drucken lassen?*

- *Im Internet bieten zahlreiche Druckereien ihren Service an.*
- *Der Vorgang wird komplett online abgewickelt:*
  - *Die fertige Vorlage wird als PDF-Dokument (in hoher Druckauflösung – 300 dpi) auf den Server des Anbieters hochgeladen (siehe Anleitung der Druckerei).*
  - *Die Bezahlung läuft meistens über Bankeinzug oder Vorkasse.*
  - *Die Auslieferung erfolgt per Post nach acht etwa Werktagen.*

Flyer- und Postkartenentwürfe werden realisiert mit:

- *Adobe® Illustrator® CS5*
- *Microsoft® Office Publisher 2010*
- *Microsoft® Expression Design 4*
- *Konvertierung des fertigen Entwurfs in eine PDF-Datei mit Adobe® Acrobat® X PRO*

6.8.4 Plakatentwurf

- Die Plakataussage sollte auf den ersten Blick klar sein.
- Es sollte ein deutlicher Blickfang (ein groß gedrucktes Wort, ein ungewöhnlicher Schrifttyp, ein Bild, eine besondere Farbe usw.) vorhanden sein.
- Es gibt Signalfarben, wie zum Beispiel Rot, die schnell die Aufmerksamkeit erregen.
- Bild und Text sollten in einer logischen Leseabfolge stehen. Von oben nach unten bzw. von links nach rechts.
- Schrift und Bild sowie Formen und Farben sollten in einem spannungsreichen Kontrast zueinander stehen.
- Die gewählten Schriftarten, Formen, Farben, Bilder usw. sollten dem Inhalt angemessen sein.
- Ein Plakat sollte nicht überladen sein: So viel wie nötig und so wenig wie möglich.
- Das übliche Plakatformat beginnt bei DIN A2 (42 cm x 59,4 cm – Hochformat).

Kompositionsbeispiel: *Aus aneinandergereihten Wörtern werden die Buchstaben des Wortes „Plakat" farbig hervorgehoben.*

Plakatformen

- ***Veranstaltungsplakat***
- ***Filmplakat***
- ***Musikplakat (Musikposter)***
- ***Ausstellungsplakat***
- ***Politisches Plakat***
- ***Werbeplakat***
- ***„Offizielles" Plakat (amtliche Bekanntmachungen und Ankündigungen)***
- ***Großflächenplakat (Werbeplakat im öffentlichen Raum)***
- ***Textplakat***

Software für die Arbeit am PC

- *Für den Entwurf und die Gestaltung eines Plakates am Computer sind folgende Programme geeignet:*
- ***Microsoft® Expression® Design 3:*** *Diese Software eignet sich zur Gestaltung und Bearbeitung von Grafiken für verschiedene Medien.*
- ***Microsoft® Office Publisher 2010:*** *Mit diesem Programm lassen sich Entwürfe für Publikationen zu unterschiedlichen Anlässen in frei gewählter Größe herstellen. In einer Bibliothek stehen thematisch sortierte Entwurfsvorlagen zur Verfügung.*
- ***Adobe® Illustrator® CS5:*** *Diese Software enthält zahlreiche Werkzeuge zur Plakatgestaltung*
- ***Adobe® Photoshop® Elements 10:*** *Anwendungsbeispiele dieses Fotobearbeitungsprogramms werden auf Seite 104 beschrieben.*
- ***Adobe® Acrobat® X Pro:*** *Plakatentwürfe oder Ähnliches werden im PDF-Format (PDF = (trans-)portables Dokumentenformat) der Druckerei übergeben. Die Umwandlung der Grafiken in ein PDF-Dokument in Druckqualität kann mit diesem Programm individuell angepasst werden.*

Mitteilung
Der Kindergarten „Sonnenblume" feiert am Sonntag, den 21. Juni das diesjährige Sommerfest. Alle Kinder und Eltern sind herzlich eingeladen!

Arbeitsanregung

- *Entwerfen Sie aus der kurzen Mitteilung des Kindergartens „Sonnenblume" ein originelles und ansprechendes Plakat unter Berücksichtigung der beschriebenen Kriterien und Gesichtspunkte:*
  - *Welche Aussage soll kommuniziert werden? Wie soll die Botschaft heißen?*
  - *Welche Plakatmotive sollen ausgewählt werden?*
  - *Welche Typografie ist für dieses Plakat geeignet?*
- *Entwerfen Sie ein politisches Plakat:*
  - *Welches aktuelle Thema interessiert Sie im Augenblick besonders? Diskutieren Sie in einer Kleingruppe Ihre Argumente und Positionen zu einem politischen Problem.*
  - *Formulieren Sie anschließend kurze Thesen und entwickeln Sie daraus prägnant formulierte Sätze, die für ein Plakat geeignet sein könnten.*
  - *Suchen Sie für Ihre Texte Bildmotive, die die Aussage visuell unterstützen.*
- *Bearbeiten Sie die Gestaltungsaufgabe in folgender Reihenfolge: Skizzieren, Vorbereitungen und Entwurf am PC, Realisation und Druck.*

Scribble – flüchtige Plakatskizze

Merkmale der Plakatgestaltung

1. Skizzieren

- *Im ersten Arbeitsschritt wird die Plakatidee mit einem weichen Bleistift in Form einer „Daumennagelskizze" (Briefmarkengröße) gezeichnet. Das kleine Format erfordert die Beschränkung auf das Wesentliche. Die Hauptelemente der Komposition können so grob angedeutet und auch schnell variiert werden.*
- *Der nächste Schritt ist eine flüchtige Skizze (Scribble = Kritzelei) auf Scribble-Papier (60-g-Papier). Die Plakatelemente werden mit einem weichen Bleistift provisorisch angeordnet und gezeichnet.*

2. Vorbereitungen und Entwurf am PC

- *Die Umsetzung der Komposition des Plakates beginnt am PC:*
  - *Das fotografierte Plakatmotiv wird mit **Adobe® Photoshop® Elements 9** bearbeitet.*
  - *Das Layout wird mit **Adobe® Illustrator® CS5** angelegt (und im Verlaufe der Umsetzung mehrfach korrigiert und angepasst).*
  - *Die Bildelemente werden in die Zeichenfläche der Entwurfs-Software eingesetzt.*

- *Die Schrift für den Plakatentwurf wird ausgesucht und für die Textelemente eingesetzt:*
  - *Slogan*
  - *Informationen (Erläuterungen, Orts- und Zeitangaben usw.)*
- *Der fertige Plakatentwurf wird als Projektdatei (AI-Datei) und als Vektorgrafik (EPS-Datei) gespeichert.*
- *Probeausdruck in Originalgröße oder im DIN-A4-Format*

3. Realisation und Druck

- *Die Datei wird mit **Adobe® Acrobat® X Pro** in ein PDF-Dokument umgewandelt. Druckereien akzeptieren nur Druckvorlagen im PDF-Format (mit integrierten Schriften) und in einer Auflösung von 300 dpi.*

Zusammenfassend soll überprüft werden, ob die fertige Gestaltung diejenigen Merkmale aufweist, die für ein Plakat charakteristisch sind:
- ***Auffällige und klare Komposition***
- ***Große Typografie***
- ***Auffällige Grafik***
- ***Auffällige Farben***
- ***Eindeutige Daten:***
- ***Wer?***
- ***Wo?***
- ***Wann?***
- ***Was?***

Informationen zum Thema Plakat in KH, S. 193 f und BWK, S. 147 ff.

6.8.5 CD-Cover

Die relativ kleine Fläche des CD-Covers ist eine grafische Herausforderung, wenn sie gut und optisch ansprechend gestaltet werden soll. Da ist kein Platz für überflüssige, kleinteilige Bildideen: Die Verpackung muss die Botschaft prägnant vermitteln.

- Grundmaße des CD-Covers: 12 x 12 cm
- Elemente des CD-Covers: Titelblatt (mehrteilig gefaltet) zum Einlegen die Kunststoffbox (Jewel Case), Rückseite mit Seitensteg für Kurztitel und Interpret
- Text und Bild müssen optimal aufeinander abgestimmt sein.
- Für die Bildgestaltung eignen sich alle auffälligen Bildmotive: Fotografien, Fotomontagen, Collagen, Malereien, Zeichnungen usw.

Die CD scheint als Datenträger für Musik keine große Zukunft mehr zu haben. Dennoch bieten physische Datenträger interessante Vorteile:
- *Gestaltung von Cover-, Inlay- und Label*
- *Limitierung einer bestimmten Edition*
- *Man hat etwas in der Hand – kann es anfassen.*
- *Man kann eine CD persönlich verschicken.*
- *Eine CD lässt sich leicht in verschiedene Werbeaktionen einbauen.*

Titelblatt eines Covers für eine CD-Box (Jewel Case)

Arbeitsanregung

- *Entwerfen Sie ein besonders kreatives Cover, das im wahrsten Sinne aus dem Rahmen fällt: ein „Kunst-Cover" mit Überraschungen – nicht für die Maße einer vorgegebene Box (Jewel Case), sondern für ein Sonderformat, das Sie entsprechend entwickeln.*
- *Entwerfen Sie ein CD-Cover, das ausschließlich aus typografischen Elementen besteht.*
- *Entwickeln Sie eine CD-Hülle, die auch einen hohen Objektcharakter besitzt.*
- *Entwerfen Sie ein CD-Cover für ein besonderes Musikstück oder eine Lieblingsband.*

6.9 Präsentationen gestalten

Anlässe für Präsentationen sind

- der Vortrag der Ergebnisse einer Arbeitsgruppe,
- das Impulsreferat eines Fachinhaltes im Rahmen einer Fortbildung,
- die Vorstellung des Konzeptes einer Einrichtung,
- die Dokumentation oder Projektpräsentation.

Mit Präsentationen sind mündliche Vorträge eines oder mehrerer Referenten vor einer anwesenden Zuhörerschaft gemeint, wobei durch den Einsatz visueller Medien die Struktur des Vortrags für das Publikum nachvollziehbarer und die inhaltlichen Zusammenhänge anschaulicher gemacht werden sollen. Kriterien für Präsentationen sind:

- **Inhalt:** Welcher Sachinhalt, welche neuen Erkenntnisse werden den Zuhörern vermittelt? Überzeugt der Inhalt? Werden die Thesen, Argumente und Beispiele strukturiert dargestellt, verständlich erläutert und auf das Wesentliche reduziert? Welche Medien werden dabei zur Anschaulichkeit eingesetzt?
- **Sprache:** Wie trägt der Referent vor? Leise, mit gleicher Stimmlage? Redet er frei oder werden alle Aussagen abgelesen?
- **Körpersprache:** Nimmt der Referent seine Zuhörer auch wahr? Spricht er wirklich zu ihnen? Variiert er seine Körperhaltung oder versteckt er sich hinter dem Technikaufbau des Rednerpultes?

Eine Präsentation ist kein Selbstzweck; im Vordergrund steht immer der Inhalt. Darum ist es auch wichtig, dass der Referent zunächst selbst in seinem Thema, über das er spricht, sicher ist, die Problematik seines Fachgebietes selbst verstanden hat: Er muss seinem Publikum etwas Neues sagen können, ihnen neue Erkenntnisse vortragen und seine Zuhörer zu Fragen motivieren, denen er sich stellt.

6.9.1 Visualisierung

Die Visualisierung der Information dient der Anschaulichkeit der Information, nicht umgekehrt. Grundsätzlich geht es darum, dass der vorgetragene Inhalt verstanden werden soll. Es gibt keinen Zwang zur Bebilderung, aber eine Notwendigkeit der Anschaulichkeit. Zur Visualisierung können folgende Methoden eingesetzt werden:

- Plakat, Wandzeitungen und Stellwände, Rollen- oder Szenenspiel, Videoeinspielungen, Overheadfolien und Tafelbilder, Folienpräsentation mit Microsoft PowerPoint®.
- Flyer und Handzettel können eine Gliederungshilfe bieten und die Aufmerksamkeit erhöhen, da die Zuhörer sich besser auf den Inhalt konzentrieren können.
- Der Medieneinsatz soll sinnvoll sein, den Inhalt nicht überfrachten (weniger ist mehr!).
- Das spezielle Medium soll sicher gehandhabt werden können.

„Verallgemeinernd kann gefolgert werden, dass jede Präsentation eingebunden werden muss in einen Ziel- und Inhaltszusammenhang. Diese Zusammenhänge markieren den Stellenwert der Information, ohne ihn bleibt sie beliebig."
(GRUSCHKA, 2011, S. 179)

6.9.2 Visualisierung mit Microsoft PowerPoint®

Overhead-Folien oder Fotodias gehören schon seit Langem der Vergangenheit an. **Microsoft PowerPoint®** ist als Software für Vorträge und Präsentationen inzwischen ein unerlässliches Werkzeug geworden. Das Programm unterstützt den Referenten, weil beim Zuhören die Struktur des Vortrags sichtbar gemacht werden kann und Abbildungen, Grafiken und Diagramme als Illustrationen den Vortrag bereichern.

Im Vergleich zu den anderen visuellen Präsentationsmethoden ist PowerPoint® von Microsoft eine Software mit sehr vielen Anwendungsmöglichkeiten. Die Animationsfeatures finden oft sehr erfreute Liebhaber, die zur Gestaltung der Folien alle möglichen Einblendungen in Bewegung setzen. Zurückhaltung wäre hier angebrachter. Eine übertriebene Reizüberflutung ermüdet die Zuhörer nach wenigen Minuten und nervt schließlich.

Der Einsatz von Microsoft PowerPoint® soll helfen, den Inhalt **sichtbar (anschaulich)**, **verständlich**, **strukturiert** und **ästhetisch** zu vermitteln.

1. Folienaufbau:

- Jede Folie besteht nur aus wenigen Zeilen und Stichworten: 6–8 Zeilen pro Folie, 6–8 Wörter pro Zeile. Es wird nur ein Thema pro Folie angesprochen.
- Da die Zuhörer die Folien während des Vortrags mitlesen, sollten die Folien wenig Text enthalten: Stichworte statt ganze Sätze oder auch lange Zitate. Zu viel Text würde den Zuhörer demotivieren, weil er weder aufmerksam zuhören noch die Texte in Ruhe lesen könnte. Die Folge daraus: Er hört gar nicht mehr zu.
- Es sollte eine Kongruenz zwischen dem Inhalt des Vortrags und der Foliengestaltung bestehen. Die Stichworte der Präsentation sind eine Ergänzung; der Referent liest die Folien nicht einfach vor, sondern benutzt sie als Stichwortgeber des Vortrags.
- Insofern sind die Folien der Präsentation eine Sammlung von verschiedenen thematischen Aspekten, die auch punktuell eingesetzt werden könnten (Stichwort „*Diakästen*").
- In der Fußzeile können Foliennummer, Thema, Autor und ggf. ein Themenüberblick (Agenda) in Stichworten vermerkt werden.

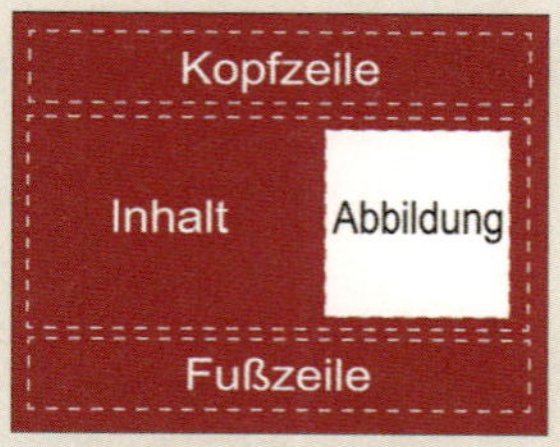

Standardschema einer Folienpräsentation

2. Foliengestaltung:

- Es sollte eine einheitliche, allgemein verbreitete **Schrifttype** verwendet werden (Überschriften: 44 pt, Gliederungspunkte: 36 pt).
- Die **Farbgestaltung** sollte so angelegt werden, dass der Text gut lesbar auf einem beruhigenden Hintergrund erscheint.
- Nicht mehr als zwei Abbildungen werden pro Folie eingesetzt. Als Objekt können importiert werden:
  - *Abbildungen (Fotos, Grafiken, ClipArt)*
  - *Textpassagen*
  - *Textfelder (Kopf- und Fußtext mit Seitenzahlen)*
  - *Diagramme*
  - *Formen (Sprechblasen usw.)*
  - *Videos*
  - *Audio*
- **Animationen** (Schriftanimationen, Folienübergänge) sollten nur in besonderen Fällen eingesetzt werden.

3. Folienpräsentation:

Um beim Folienwechsel für die Zuhörer das nervige Drücken der Eingabetaste am Laptop zu vermeiden, sollte man einen Presenter (USB-Fernbedienung) verwenden. Der Referent kann dann auch freier vortragen und die Folien fast unbemerkt vor- und zurückschalten.

Microsoft PowerPoint® Professional 2010

Präsentationsfolie: *Wenig Text, klar gegliedert und gut lesbar (nach RUPPERT, 2009). Inwieweit verändert das Design einer Folienpräsentation die Aussage? Verstärkung der Aufmerksamkeit oder nur Dekoration?*

Tastenkombinationen
F5 = ***Starten der Präsentation am Anfang***
N, Eingabetaste, Pfeiltaste, Leertaste = ***Folienwechsel***
B, Punkt = ***Anzeigen einer schwarzen Folie, zurück zur Präsentation***
W, Komma = ***Anzeigen einer weißen Folie***
Esc, Bindestrich = ***Ende der Präsentation***
Nummer + Eingabetaste = ***Wechsel zu einer Folie mit entsprechender Nummer***

6.9.3 Folienerstellung mit Microsoft PowerPoint®

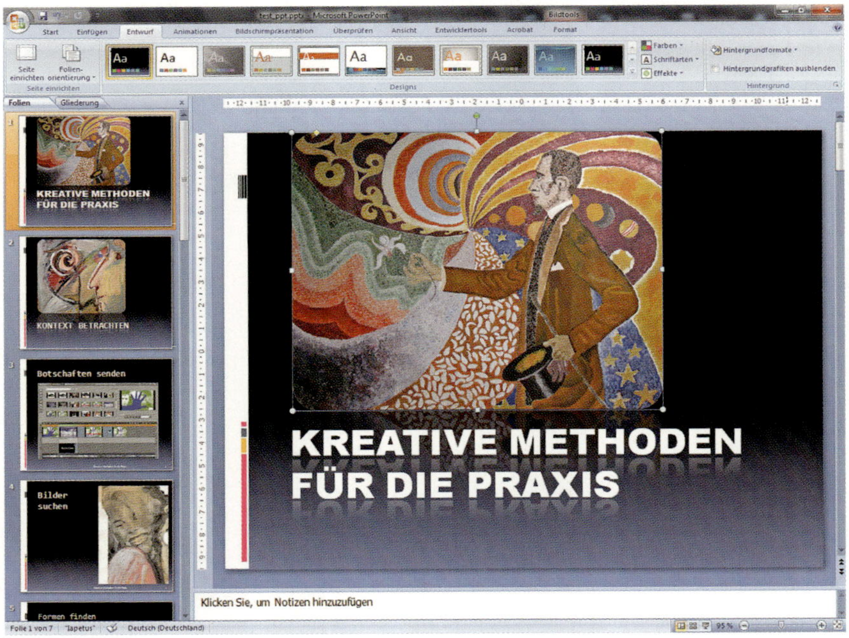

Folienerstellung: *Die Reihenfolge der einzelnen Folien beispielsweise kann beliebig oft geändert werden.*

- Öffnen einer neuen (leeren) Präsentation: Festlegen des Foliendesigns. Es können entweder Vorlagen benutzt (**Entwurf → Designs**) oder die Gestaltungselemente frei festgelegt werden.
- Einfügen der Foliennummer und einer Fußzeile mit dem Titel der Präsentation. Es muss ein Häkchen gesetzt werden, wenn diese Zeile auf der Titelfolie nicht zu sehen sein soll: **Einfügen → Kopf- und Fußzeile oder Foliennummer**.

- Einfügen der Texte und Abbildungen sowie Grafiken, Formen und Diagramme.
- Eventuell animieren der Elemente und der Folienübergänge: **Animationen** → **Benutzerdefinierte Animation** → **Effekt hinzufügen**.
- Umschalten in die Übersicht zur Foliensortierung: **Ansicht** → **Foliensortierung**.
- Speicherung der fertigen Präsentation und Bildschirmpräsentation starten: **Bildschirmpräsentation** → **von Beginn an** (oder **Aus aktueller Folie**).

Hinweise

- ***Die Dateien der Fotos und Grafiken sollten nicht zu groß sein. Abbildungen und Textzeilen können auf der Folienfläche frei positioniert werden.***
- ***Eine Folie sollte nicht mehr als fünf Textzeilen enthalten. Weniger ist mehr!***
- ***Es sollte auf eine gute Lesbarkeit und eine kontrastreiche Gestaltung geachtet werden.***

Arbeitsanregung

- *Erarbeitung einer **PowerPoint®-Präsentation** mit Abbildungen und Texten: Fotografieren Sie dazu eine Serie von thematischen Aufnahmen. Bearbeiten Sie die Bilder mit **Adobe® Photoshop® Elements 10** und fügen Sie entsprechende Texte hinzu.*
- *Entwickeln Sie eine originelle Fotoserie (Fotoroman oder -comic) mit kurzen eigenen oder fremden Texten (beispielsweise zu einem Gedicht).*
- *Entwerfen Sie für den Vortrag der Ergebnisse Ihrer Arbeitsgruppe eine PowerPoint®-Präsentation unter Berücksichtigung der oben aufgelisteten Kriterien für die Foliengestaltung.*
- *Diskutieren Sie den Text „Entsorgung des Inhaltes durch Präsentation" von **ANDREAS GRUSCHKA**:*

„Man soll in visualisierter Form nachvollziehen können, was man hört, und hören, was man sieht. Die mediale Folie erlaubt dabei nur die abgekürzte Information, etwa Sequenzen von Spiegelstrichen der Schematisierungen, wie oben angeführt. Die Ökonomie der Zeit wird anders als beim traditionellen Vortrag organisiert: Möglichst viele Bilder werden in die Präsentation hineingepackt, die selbst wiederum abwechslungsreich graphisch gestaltet werden muss. Der Zuschauer/Zuhörer wird so von einem Bild zum nächsten geführt oder besser: gehetzt. [...] Auffällig ist dabei: Die Aufmerksamkeit konzentriert sich fast vollständig auf das Technische: sowohl bei der Vorbereitung der Präsentation als auch bei seiner Auswertung. Die Themen werden gegenüber ihrer Darstellung sekundär."
(GRUSCHKA, 2011, S. 85 f.)

ANDREAS GRUSCHKA
(geb. 1950) ist seit 2000 Professor für Erziehungswissenschaft mit besonderer Berücksichtigung der Schulpädagogik und der Allgemeinen Pädagogik an der Johann Wolfgang Goethe-Universität in Frankfurt am Main.

Arbeitsanregung

- *Vergleichen Sie seine Argumente mit Ihrer Praxis und nehmen Sie zu seinen Aussagen kritisch Stellung.*

7 Dekoratives gestalten

Dekorative Bildgestaltung:
Farbe und andere Materialien werden auf einer Leinwand komponiert.

Ist das Kunst oder kann man das nur für einen Moment oder einen Augenblick gebrauchen? Die Kunst des Dekorativen besteht darin, den Alltag oder einen besonderen Anlass mit ästhetischen Mitteln hervorzuheben, die Situation mit einer angemessenen Gestaltung wahrnehmbar zu machen. Ausgewählte Materialien – Blumen, Textilien oder Papierutensilien beispielsweise – sollen helfen, eine freundliche Atmosphäre zu schaffen sich und der alltäglichen Umgebung einen schönen Ausdruck zu verleihen. Im Folgenden werden dazu einige Anregungen vorgestellt.

7.1 Selbstdarstellung und Ausdruck

„*Starker Ausdruck – guter Eindruck*", mit diesem Slogan wirbt eine Herstellerfirma von Druckern für ihre Produkte. Offensichtlich ist es so, dass eine originelle Erscheinungsweise auch nachhaltig wahrgenommen wird. Eine starke Ausdrucksweise verkörpert idealerweise ein hohes Maß an Eigenständigkeit, Selbstbewusstsein und Echtheit. Einen unverwechselbaren Typen erkennt man schneller, man nimmt ihm ab, dass er einen eigenen Standpunkt hat und eine eigene Meinung vertritt – kurz: Er ist „authentisch", ein Wert, der in der Fremdwahrnehmung heute sehr hoch eingeschätzt wird.

Arbeitsanregung

- *Diskutieren Sie den Zusammenhang von äußerer Erscheinungsweise und Identitätskonzept: Wie wir uns sehen, welche Wertvorstellungen wir für wichtig halten, an wem und was wir uns orientieren, drücken wir unmittelbar in unserer Haltung aus.*
- *Die Selbstdarstellung ist auch ein Spiel des Rollenwechselns. Der Geschäftsmann kann nach Geschäftsschluss seine Rolle verlassen und in eine ganz andere Szene eintauchen. Der Punk entpuppt sich doch als kompetenter und angesehener Naturwissenschaftler und der Reggae-Liebhaber ist im wirklichen Leben ein hart kalkulierender Geschäftsmann. Können wir uns auf unsere Fremdwahrnehmung verlassen, oder müssen wir unseren Blick immer wieder schärfen, um zu einer entsprechend differenzierten Betrachtung zu kommen?*
- *Was sagen Bilder? Was können Fotos ausdrücken? Was zeigen uns diese Abbildungen? Vorurteile? Überkommene Klischees oder vereinfachte Bestätigungen?*
- *Überlegen und diskutieren Sie in einer Kleingruppe, wie wichtig für Sie Selbstdarstellung und Ausdruck sind.*
- *Sehen Sie sich Fotos in Zeitschriften an, entwerfen Sie für die abgebildeten Personen eine fiktive Biografie und überlegen Sie dabei kritisch, welche Beziehung es zur äußeren Erscheinung gibt und was dabei Klischeevorstellungen sind.*

7.2 Textildesign – Kleidung und Selbstinszenierung

„*Kleider machen Leute*", heißt die Novelle des Dichters **GOTTFRIED KELLER.** „Wir verkaufen Träume – keine Kleider", sagt der Modefotograf. „Je kurzlebiger eine Zeit, desto mehr ist sie an der Mode ausgerichtet", behauptet der Philosoph **WALTER BENJAMIN.** Mit Mode wird hauptsächlich die Art und Wiese gemeint, wie Menschen sich in ihrer jeweiligen Epoche kleiden.

***WALTER BENJAMIN** (1892–1940) war Philosoph, Schriftsteller und Literaturkritiker. „Das Kunstwerk im Zeitalter seiner technischen Reproduzierbarkeit" ist einer seiner bekanntesten Aufsätze. Auf der Flucht vor den Nazis nahm er sich 1940 in Portbou an der spanischen Grenze das Leben.*

***Kleidung und Selbstinszenierung**: Punk-Outfit*

Arbeitsanregung

- *Diskutieren Sie folgende Aussagen:*

– Die Mode der Kleidung spiegelt die persönlichen Gewohnheiten und Einstellungen wider.
– Kleidung ist die zweite Haut, sie dient auch als Selbstschutz und erlaubt es, das Erscheinungsbild zu verändern, nach eigenen Vorstellungen zu korrigieren.
– Kleidung unterstützt das persönliche Auftreten durch ihre besondere Zeichensprache und beeinflusst das kommunikative Verhalten in Situationen.

Was versteht man speziell unter Jugendmode?

- Jugendmode entsteht in kleinen Zirkeln, Szenen und versteht sich als Selbstausdruck, als „zur Schau getragene Alternative zum Wellenschlag der Mode." (BURCKHARDT, 1986, S. 168)
- In der Jugendmode bringt die Subkultur ihre eigene Suche nach Symbolen und Objekten zum Ausdruck, „mit denen die eigenen Werte verkörpert und die oppositionelle Haltung provokativ demonstriert werden kann." (BURCKHARDT,1986, S. 170)
- Mode bedeutet für Jugendliche, ihre Zugehörigkeit zu einer bestimmten Gruppe oder Subkultur zu zeigen: Jugendmode ist als Kommunikation durch Kleidung zu verstehen. Der erste Eindruck einer Person wird durch die Mode der Kleidung bestimmt.
- Die Modeindustrie benutzt die innovativen und kreativen Ideen der Jungendkultur für ihre kommerziellen Interessen und bietet das subkulturelle Outfit in abgeschwächter Form als Massenprodukt ohne inhaltlichen Bezug an.

Plattencover aus den 1970er-Jahren

Jugendmode in den 1970er-Jahren

Arbeitsanregung

- *Was bedeutet für Sie Mode? Sehen Sie sich Zeitschriften an und diskutieren Sie über aktuelle Modetrends. Wodurch unterscheiden Sie sich von der Mode der 1970er-Jahre?*
- *Charakterisieren Sie unterschiedliche Jugendszenen nach ihrem äußeren Erscheinungsbild. Welche Botschaften sollen mit den bestimmten Signalen ausgedrückt werden?*
- *Kleiden und stylen Sie sich nach einer bestimmten Jugendszene, begeben Sie sich in die Stadt und fotografieren Sie sich bei Ihrem Ausflug in die Öffentlichkeit.*
- *Diskutieren Sie die folgenden Zitate zum Thema Mode:*

„Die Mode muss ihre eigene Geschichte ständig „umschreiben" [...], um den beständigen Wechsel zu ermöglichen, in dem der allerneueste Stil sich auf einen viel älteren beziehen kann. Das Vergangene wird für das Jetzt aktiviert."
(ULRICH LEHMANN, Modehistoriker, zitiert nach LÜTGENS, 2010, S. 215)

„Jede Saison bringt in ihren neuesten Kreationen irgendwelche geheimen Flaggensignale der kommenden Dinge. Wer sie zu lesen verstünde, der wüsste im Voraus nicht nur um neue Strömungen der Kunst, sondern um neue Gesetzbücher, Kriege und Revolutionen. – Zweifellos liegt hierin der größte Reiz der Mode, aber auch die Schwierigkeit, ihn fruchtbar zu machen."
(WALTER BENJAMIN (1892–1940), Philosoph und Literaturkritiker, s. BENJAMIN, 1982, S. 112)

Kreative Mode aus Wertstoffen

Nicht nur Textilien, sondern auch sehr unterschiedliche Materialien und Wertstoffe sind für die kreative Gestaltung von Kleidungsstücken geeignet:

- Buntpapiere (Krepp- und Tonpapier)
- Zeitungspapiere
- Papiertüten
- Folien in verschiedenen Größen, Stärken und Ausführungen
- dünne Metallfolien
- Filz
- Leder
- Netze
- Schnüre, Bänder und Kunststoffstreifen
- Drähte in verschiedenen Stärken und Farben
- Holzreste

Arbeitsanregung

- *Für die Inszenierung eines thematischen Musikvideos werden Kleidungsstücke aus Verpackungsfolien gewünscht. Skizzieren Sie dazu einige Ideen und produzieren Sie ein tragbares Modell.*
- *Für ein Ballett, das sich choreografisch auf sehr elementare geometrische Formen bezieht, sollen entsprechende Kostüme hergestellt werden. Entwerfen Sie dazu einige Modelle, die ausschließlich aus Papier realisiert werden können.*
- *Mit welchen Formen, Farben und Materialien würden Sie das Thema Herbst umsetzen?*

7.3 Papier herstellen

***Papier schöpfen:** Das Schöpfsieb wird in den Papierbrei eingetaucht und vorsichtig herausgehoben.*

Arbeitsanregung

- *Wenn Sie für einen besonderen Anlass eine kleine Auflage an Karten herstellen möchten und dafür auch das Papier selbst schöpfen, gehen Sie dabei folgendermaßen vor:*

- Zellstoff oder Zeitungspapier wird zerkleinert und in Wasser eingeweicht.
- Nach etwa 12 Stunden wird der entstandene Brei gut durchgerührt. Um zu experimentieren, kann man in den Brei Zusätze hinzufügen; zum Beispiel Leim, Farbe, grobe Fasern, Fadenstücke oder zerkleinertes Löschpapier, auch Gräser, bunte Papierschnipsel oder Papierplättchen vom Locher können in den Brei eingerührt und verarbeitet werden.
- Danach wird das Schöpfsieb vorsichtig in den Papierbrei eingetaucht und die Fasern, die auf der Wasseroberfläche schwimmen, mit einem Schöpfsieb vorsichtig herausgehoben.
- Das Blatt wird vorsichtig vom Rahmen gelöst, auf ein Zeitungspapier abgelegt und mit einem Handtuch getrocknet und so das überschüssige Wasser aufgesaugt.
- Danach können Sie das Blatt zum Trocknen aufhängen.
- Zuletzt muss das Papier noch gepresst werden. Wenn keine Presse zur Verfügung steht, kann man das Papier auch zwischen zwei dicke Trocknungspappen legen und mit einem Gewicht, beispielsweise einem großen Stein, beschweren.

Was man braucht

- *Zellstoff (erhältlich in Fachgeschäften)*
- *Zeitungspapier*
- *Eierkarton*
- *Zusätze: Leim, Farbe, grobe Fasern, zerkleinertes Löschpapier*
- *Schöpfsieb*
- *Plastikwanne*
- *Schöpfkelle*
- *Handtücher*
- *Wäscheeine zum Trocknen der Papiere*
- *Presse oder Pressbretter mit Gewichten oder Schraubschwingen*

Arbeitsanregung

- *Überlegen Sie für die entstandenen Papiere eine geeignete Verwendung: Grußkarten, Einladungen oder Gedichtsammlung.*

Informationen zum Thema Buchbinden in KH, S. 137 ff.

Straußformen: *Schematische Skizzierungen. (Abb. 1–4)*

Ein gebundener Blumenstrauß mit Sonnenblumen im Zentrum

Arbeitsanregung

- *Binden Sie einen runden, üppigen Strauß mit jahreszeitlichen Blumen. Fügen Sie in das Blumenarrangement auch Gräser und andere Pflanzen ein.*
- *Binden Sie einen kreativen Strauß: Suchen und entwickeln Sie Präsentationsformen, die aus dem Rahmen fallen und versuchen Sie, die Besonderheiten der Blumen besonders zu betonen.*
- *Suchen Sie in Kunstlexika oder im Internet nach Abbildungen, die Stillleben mit Blumen in der Kunst zeigen.*
  - *Welche Formen können Sie erkennen?*
  - *Welche Charakteristika haben die jeweiligen Blumensorten?*
- *Binden Sie einen „Kunstblumenstrauß" – entweder mit Blumen aus Papier oder anderen Materialien oder mit Blumen, die in einer besonderen Weise miteinander verbunden werden.*

7.9 Tischdekoration

Für besondere Anlässe wird eine besondere Tischdekoration erwartet. Originalität und Kreativität der Tischgestaltung sollten sich dabei vom jeweiligen Anlass oder dem gegeben Thema leiten lassen.

Arbeitsanregung

- *Lesen Sie folgende Situationsbeschreibung:*

Stellen Sie sich vor, Sie arbeiten als Mitarbeiterin in einem Familienzentrum, das Familien mit Kindern unterstützende Dienstleistungen in verschiedenen Lebensbereichen anbietet. Frau Westhoff, alleinerziehende Mutter von drei Kindern, hat sich an das Familienzentrum mit der Bitte um Unterstützung bei der Geburtstagsfeier ihrer ältesten Tochter Laura, die fünf Jahre alt wird, gewandt. Erste Ideen der Feier hat Frau Westhoff bereits mit der Leiterin des Familienzentrums, Frau Niersbach, abgesprochen. Das Kinderbuch „Frederick" von LEO LIONNI soll den thematischen Rahmen der Feier bilden...
Ihre Aufgabe soll es nun sein, sich um eine ansprechende und kindgemäße Gestaltung der Geburtstagstafel am Nachmittag zu kümmern.

- *Beschäftigen Sie sich zunächst intensiv mit dem Bilderbuch „Frederick":*
  - *Um welches Thema geht es in dem Buch? Für welche Altersgruppe ist die Geschichte gedacht?*
  - *Welches ist die Hauptperson und wodurch zeichnet sie sich als solche aus?*
  - *Was fällt zur bildnerischen Gestaltung des Buches auf?*
  - *Wie sind Text und Bilder auf den einzelnen Seiten verteilt?*
  - *Wie beurteilen Sie das Buch?*
- *Entwickeln Sie thematische Ideen für die Tischgestaltung, die sich auf das Bilderbuch beziehen. Berücksichtigen Sie folgende Überlegungen:*
  - *Welche Elemente gehören zu einer gelungenen Tischgestaltung?*
  - *Welche Elemente dürfen bei einer Tischdekoration nicht fehlen, damit sie für Kinder besonders ansprechend wirkt?*
  - *Welche Themenelemente des Kinderbuches „Frederick" können Sie bei der Tischdekoration berücksichtigen?*
- *Mit welchen Techniken, Methoden und Materialien lassen sich die Ideen umsetzen?*
- *Welche weiterführenden Elemente des Motivs „Frederick" könnten für die Geburtstagfeier interessant sein?*

Tischdekoration: *Das Bilderbuch „Frederick" ist der thematische Rahmen für die Gestaltung.*

LEO LIONNI *(1910–1999), italienischer Grafiker und Maler, hatte eigentlich Volkswirtschaft studiert, aber immer auch gemalt und gezeichnet. Er schloss sich den Futuristen an. 1939 emigrierte Lionni nach New York. Dort wurde er Art Director. 1959 erschien sein erstes Kinderbuch. 1962 kehrte er nach Italien zurück. Neben „Frederick" sind von ihm weitere Titel erschienen wie „Swimmy" und „Stück für Stück".*

„Ich arbeite doch", sagte Frederick, „ich sammle Sonnenstrahlen für die kalten dunklen Wintertage."

LEO LIONNI: Frederick

Literaturverzeichnis

Baacke, Dieter: *Was ist Medienkompetenz?,* in: *Medienkompetenz. Grundlagen und pädagogisches Handeln,* hrsg. v. Fred Schell, München, KoPäd Verlag, 1999.

Baumann, Günter: *Meisterwerke der Architektur. Bilder und Daten,* Stuttgart, Philipp Reclam, 2001.

Beuys, Joseph: *Katalog Joseph Beuys,* Kunsthaus Zürich 1993. S. 286f.

Belz, Corinna: *Gerhard Richter Painting. Ein Film von Corinna Belz,* Berlin, Zero One Film, 2011.

Benjamin, Walter: *Das Passagen-Werk. Gesammelte Schriften Band V.1,* herausgegeben von Rolf Tiedemann, Frankfurt am Main, Suhrkamp Verlag, 1982.

Burckhardt, Lucius: *Mode und Jugendmoden,* in: Willi Bucher/Klaus Pöhl (Hrsg.): *Schock und Schöpfung. Jugendästhetik im 20. Jahrhundert,* Darmstadt und Neuwied, Hermann Luchterhand Verlag, 1986.

Copans, Richard/Neumann, Stan: *Baukunst 1–5. Eine Filmreihe über 23 Bauwerke von Architekten wie Walter Gropius, Frank Lloyd Wright, Daniel Libeskind, Zaha Hadid, Frank O. Gehry u. v. a.,* ARTE edition, 2000.

Csikszentmihalyi, Mihaly: *Kreativität,* aus dem Amerikanischen von Maren Klostermann, Stuttgart, Klett-Cotta-Verlag, 1997.

Dietrich, Georg/Walter, Hellmuth: *Grundbegriffe der psychologischen Fachsprache,* München, Ehrenwirt-Verlag, 1970.

Dunker, Heike: *Ästhetisches Biografieren,* in: A. Cieslik-Eichert/H. Dunker/C. Jacke: *Lernfeld Kunst. Lernsituationen zur ästhetischen Bildung in sozialpädagogischen Berufen,* Troisdorf, Bildungsverlag EINS, 2000.

Franz, Margit: *Die Kunst Räumen eine gute Gestalt zu geben,* Handout zum Vortrag am 23.09.2008 in Köln, http://www.lvr.de/app/resources/at230908handout_vortragfranz.pdf (Aufruf: 16.09.2011).

Franz, Margit/Vollmert, Margit: *Raumgestaltung in der Kita. In diesen Räumen fühlen sich Kinder wohl,* München, Don Bosco Verlag, 2005.

Glosemeyer, Barbara: *Die Pylonenfrage,* in: Neue Westfälische, 21.05.2010, www.nw-news.de/lokale_news/herford/herford/?em_cnt=3558401&em_loc=159 (Aufruf: 28.08.2011).

Gruschka, Andreas: *Verstehen lehren. Ein Plädoyer für guten Unterricht,* Stuttgart, Reclam, 2011.

Güse, Ernst-Gerhard: *Die Tunisreise: Klee – Macke – Moilliet,* Stuttgart, Verlag Gerd Hatje, 1982.

Haslehner, Christina: *Stencils in Buenos Aires: ein Beispiel politischer Kunst?,* Paulo Freire Zentrum, 11.09.2009, http://www.pfz.at/article861.htm (Aufruf: 28.08.2011).

Hauskeller, Michael: *Was ist Kunst? Positionen der Ästhetik von Platon bis Danto,* München, Verlag C.H. Beck, 2008

Hof, Annedore: *Zur materiellen Kultur des Sesshaftwerdens. Yürüken in Südost-Anatolien zwischen Zelt und Haus,* Frankfurt am Main, Peter Lang Verlag, 2001.

Holm-Hadulla, Rainer M.: *Kreativität. Konzept und Lebensstil,* Göttingen, Vandenhoeck & Ruprecht, 2007

IKEA, IKEA-Katalog 2013: *Neues Leben für dein Zuhause,* Hofheim-Wallau, Inter IKEA Systems B.V., 2012, S. 130

Kerstan, Peter: *Der journalistische Film. Jetzt aber richtig. Bildsprache und Gestaltung,* Frankfurt am Main, Zweitausendeins, 2000.

Kreimeier, Klaus: *Fingierter Dokumentarfilm und Strategien des Authentischen.* In: Hoffmann, Kay: *Trau-Schau-Wem. Digitalisierung und dokumentarische Form,* Konstanz, UVK Medien, 1997, S. 41

Kükelhaus, Hugo/Zur Lippe, Rudolf: *Entfaltung der Sinne. Ein „Erfahrungsfeld" zur Bewegung und Besinnung,* Frankfurt am Main, Fischer Taschenbuch Verlag, 1982.

Leonni, Leo: *Frederick,* übersetzt von Fuchs, Günter Bruno, Beltz Verlag, 2007

Lütgens, Annelie: *Mode und Moderne. Revolutionäre Mode sucht sich neue fotografische Formen,* in: André Holenstein u. a.: *Zweite Haut. Zur Kulturgeschichte der Kleidung,* Bern, Haupt Verlag, 2010.

McCloud, Scott: *Comics richtig lesen,* Hamburg, Carlsen Verlag, 1994.

Mahlke, Wolfgang/Schwarte, Norbert: *Wohnen als Lebenshilfe. Ein Arbeitsbuch zur Wohnfeldgestaltung in der Behindertenhilfe,* Weinheim, Beltz, 1985.

Mittring, Gert: *Vom Korsett herkömmlicher Denkstrukturen lösen,* in: Carsten Deckert: *DABEI-Innovationsklima-Index 2011. Experteninterviews,* Düsseldorf, DABEI e. V., 2011.

Münker, Stefan: *Emergenz digitaler Öffentlichkeiten. Die sozialen Medien im Web 2.0,* Frankfurt am Main, Suhrkamp Verlag, 2009.

Peters, Martina: *Gehört wird, wer was zu sagen hat,* in: forum schule, Magazin für Lehrerinnen und Lehrer, Hrsg.: Unfallkasse Nordrhein-Westfalen, Ausgabe 3/2008, 2008, S. 10

Reinecke, Julia: *Street-Art – Eine Subkultur zwischen Kunst und Kommerz,* Bielefeld, Transcript Verlag, 2007.

Ruppert, Franz: *Qualitätskriterien für eine gute Präsentation,* 2009, http://www.franz-ruppert.de/PP_Prasentation.pdf (Aufruf: 26.08.2011).

Schäfer, Gerd E.: *Ästhetische Bildung,* in: Ders.: *Bildung beginnt mit der Geburt. Ein offener Bildungsplan für Kindertageseinrichtungen in Nordrhein-Westfalen,* Weinheim, Beltz-Verlag, 2005.

Schirrmacher, Joachim: *Mode und Identität. Aufbruch zu neuen Ufern,* München, Stiftung der Deutschen Bekleidungsindustrie, 2011, http://www.stiftung-bekleidungsindustrie.de/link/de/16188173 (Aufruf: 27.12.2011).

Schneider, Beat: *Design – Eine Einführung. Entwurf im sozialen, kulturellen und wirtschaftlichen Kontext,* Basel, Birkhäuser Verlag, 2005.

Schulz von Thun, Friedemann: *Miteinander reden 1 – Störungen und Klärungen,* Reinbek bei Hamburg, Rowohlt-Verlag, 1981.

Schwarz, Theodor: *Kleines Wörterbuch der Architektur,* Stuttgart, Philipp Reclam, 1995.

Sprengel Museum Hannover: *Zufall in der Kunst von Marcel Duchamp bis Gerhard Richter, Ankündigung einer Ausstellung 15. Mai 2013 – 15. September 2013 im Sprengel Museum Hannover, http://www.sprengel-museum.de/ausstellungen/vorschau/zufall-in-der-kunst-von-marcel-duchamp-bis-gerhard-richter.htm? PHPSESSID=swfzkjpw&snr=1&PHPSESSID=swfzkjpw, Aufruf 02.09.2012*

Urban, Klaus K.: *Kreativität. Herausforderung für Schule, Wissenschaft und Gesellschaft,* Münster, Lit-Verlag, 2004.

Vitra Design Museum: *Designverständnis,* 2011, http://www.design-museum.de/vitra/verstaendnis/index.php?sid=4537bdc527d46151a2c0cb1313e534e8&language=de (Aufruf 16.09.2011).

Vollmert, Margit: *Weit offene Augen... zeigen uns Anmutungsqualität: Wie Räume wirken (können),* in: *TPS – Theorie und Praxis der Sozialpädagogik,* Heft 1, Seelze, Friedrich Verlag, 2005.

Von Foerster, Heinz/Bröcker, Monika: *Teil der Welt. Fraktale einer Ethik – Ein Drama in drei Akten,* Heidelberg, Carl-Auer-Systeme Verlag, 2002

von Hentig, Hartmut: *Kreativität. Hohe Erwartungen an einen schwachen Begriff,* Weinheim und Basel, Beltz Verlag, 1998.

Walther, Ingo F.: *Kunst des 20. Jahrhunderts,* Band 1, Köln, Taschen Verlag, 2005.

Watzlawick, Paul/Beavin, Janet H./Jackson, Don D.: *Menschliche Kommunikation. Formen Störungen Paradoxien,* 12. Aufl., Bern, Huber Verlag, 2011.

Zanker, Jakob: *Warum Kunst? – Interview mit Documenta-Chefin Carolyn Christov-Bakargiev,* Philosophie-Magazin, http://www.philomag.de/warum-kunst-interview-mit-documenta-chefin-carolyn-christov-bakargiev, Aufruf 02.09.2012

Sachwortverzeichnis

Bildquellenverzeichnis

akg images, Berlin: S. 46 re.

Miriam Barthel, Bielefeld: S. 43

Andreas Cieslik-Eichert: S. 4, 5, 6, 8 (2x), 10, 12 (2x), 13 (2x), 18 (4x), 22, 23, 24 (3x), 25 (4x), 26 (3x), 27, 29, 32, 33, 34, 35, 36 (2x), 37, 40, 41, 42, 43, 44, 45 (2x), 47, 48, 50, 51, 52, 53, 54 (2x), 63, 64, 66 (2x), 67, 68 (2x), 69, 70 (2x), 75, 76, 78 (3x), 79 (3x), 81, 82 (2x), 83, 85 (2x), 86, 87 (2x), 88 (2x), 89, 90, 91 (3x), 92, 94 (3x), 95, 96 (4x), 97, 98, 99 (2x), 100, 101 (2x), 102, 103 (2x), 104, 105, 106, 109, 111, 112, 113, 114, 115 (2x), 117 (2x), 118, 119 (2x), 121, 124, 126 (2x), 128, 129, 130

Thomas Daum, Bielefeld: S. 81 re.

Felix Eichert / Hans-Christian Schmidt, Bielefeld: S. 107

Fotolia.com: U1 (Argonautis), S. 19 (Kaarsten), 20 (Mirko Raatz), 28 (pressmaster), 53 (Stefan Körber), 60 (weknow), 108 re. (.shock), 122 (AndersonRise), 123 re. o. (MACLEG), 123 re. u. (Alexandr), 128 (Axel Gutjahr), 129 re. o. (N-Media-Images)

Katharina Gleiche, Bielefeld: S. 73

Frank O. Gehry, „Wiggle Side Chair", © www.vitra.com/Hans Hansen: S. 85

Marie-Kathrin Grothe, Preußisch Oldendorf: S. 61

Judith Hafner, Bielefeld: S. 80

Claus Jacke: S. 39, 50, 57, 58, 59, 62, 64, 71, 72

Luise Janzen, Bielefeld: S. 125

Tanja Meyer, Schloß Holte: S. 49

Romina Quercia, Bielefeld: S. 74

Brigitte Reinerth, Schloß Neuhaus: S. 38

Angelika Salfeld, Gehrden: S. 15

Tobias Thronicke, Bielefeld: S. 55

Sebastian Wiethüchter, Bielefeld: S. 46

Zeitungsverlag Neue Westfälische GmbH & Co. KG: S. 110